NHK BOOKS
1263

戦争をいかに語り継ぐか

——「映像」と「証言」から考える戦後史

mizushima hisamitsu
水島久光

NHK出版

目次

第二章　「戦争を知らない子供たち」について考える　

第三章　「空白」を埋める——映像で出会いなおす「あの戦争」　141

校　閲　髙橋由衣
ＤＴＰ　㈱ノムラ
編集協力　五十嵐広美

ＪＡＳＲＡＣ出二〇〇四八九三－〇〇一

序章

「戦後」が終わる前に

二つの天皇の声

二〇一九年、元号は「平成」から「令和」に変わった。元号の区切りを時代の括りとして当然のように報じるメディアの姿は、ちょうど三十年前、一九八九年一月の昭和天皇の崩御時の記憶を蘇らせるものだった。

昭和天皇は、「神格」と「象徴」という二つの地位を経験した天皇だった。健康状態が悪化した一九八八年秋からの、互いに人々の笑顔を監視し合うような自粛ムードは、日本国憲法によってその役割が変わったことを、一時、忘れてしまうほどの重苦しさだったと思い出される。それから二十八年後の二〇一六年夏、あとを継いだ「平成の天皇」(上皇明仁)は、自らの声で生前退位を訴える。八月八日、そのテレビ放送された「おことば」を述べる姿は、宮内庁のWebサイトにも上げられた。

振り返れば、天皇の肉声が初めて人々のもとに届いたのは、ポツダム宣言の受諾を知らしめる一九四五年八月十五日の「玉音放送」であった。そしてその後、「人間」であることを宣言した天皇一家の暮らしぶりを、人々はテレビを介して、まるで古くからの知人のように話題にするようになった。ラジオ、テレビ、そしてインターネット——天皇と我々との関係は、メディアが創り出す距離や情報の流れとともにあった。

戦争体験者に「玉音放送」について尋ねると、よく「難しくて、何を言ってるのかよくわからなかった」という答えが返ってくる。「戦争が終わる」ことを、解説放送で初めて理解したという人もいる。特に、子どもたちは大人たちの様子でやっと状況がわかったというのが実際のところだろう。つまり「玉音放送」とは、よくドラマなどで見るように、全ての人がラジオの前にひれ伏していたその瞬間の出来事ではなく、伝聞やお喋りなどの多くのコミュニケーションを介して、時間をかけて受容されたものだったのだ。しかしそのときのディテール（会話やものごとの動きの詳細）は多くの場合忘れられてしまっている。メディアはひたすら「タエガタキヲタエ、シノビガタキヲシノビ」のフレーズを反復し、定型のエピソードとして、我々の記憶を上書きしていった。

実は「平成の終わり」でも、同じことが起こっている。「天皇が退位の意向を自らの言葉で表した」という事実は確かに衝撃だった。しかしなぜそれが衝撃だったのか、あるいはそこで何が発せられたのかについては、既にかなり「ぼんやり」とし始めている。「おことば」の理解のカギは「象徴」という言葉だった。しかしそのメッセージは、後のメディアや政府要人たちの発言に上書きされ、次第に「高齢によるご公務の負担」が退位の理由であると人々は受け止めるようになった。「平成の終わり」は時代の節目らしく、年末年始にも似た祝祭ムードに彩られ、「象徴」の意味を問う天皇の姿は忘れられていった。

終わらない戦後

「メディアを通じて届けられた天皇の声」をきっかけに節目が演出される――前者の「終戦」、後者の「平成の終わり」――「終」という文字が結ぶこの二つの出来事の重なりから、一つの問いが浮かび上がる。それぞれにいったい我々は「何を終えてきた」のか。「終戦」とは、端的には「戦禍」の終息を指し、その時点からこの国では戦争は「過去のもの」として扱われるようになった。そしてその戦後の始まりから四分の三世紀。いまや戦争を自らの経験にもとづいて語る言葉は少なくなった。やがてそれはなくなるだろう。上皇明仁も、またそうした言葉の持ち主の一人である――確かに一つの時代の「終わり」が見える。

「戦争が終わった」感覚は、人によって異なる。国民学校の生徒として「終戦」を経験した人は言った。「夜、部屋の灯りをつけられるようになって、ああ戦争が終わったんだなと思った」。この

「少年」にとっては、不自由な生活と時折訪れる空襲警報が「戦争」だったのだろう。だが、出征兵士を送り出した家庭は違う。八月十五日が過ぎても息子の消息はなく、その後「空の木箱」が帰ってきたとしたら、その母の「戦争」は終わらないまま続く。広島や長崎の被爆地では、八月十五日はまだその瞬間から十日もたたない「時が止まった」状況にあった。沖縄本島では、既に四月上旬から順次米軍の統治が始まり、その最中にこの日を迎える。満州ではむしろこの日から無政府状態が始まる。

「終戦」は、映画やテレビドラマが描くように、「天皇の声」をきっかけに一斉に迎えられたわけではない。でも我々は、こうした時差とそこに生じたディテールを長い間、済んだこととして棚上げしてきた。もちろん、七十五年という年月の間——特にこの四半世紀には、様々な資料が発掘され、また多くの人々が記憶を語るようになって、そこに光が当たるようになってはきた。佐藤卓己が『八月十五日の神話』で、報道がその「ひれ伏す」瞬間を描くに至った虚実を詳らかにし、坪井秀人が『戦争の記憶をさかのぼる』で、文学などから戦争を振り返る叙述を丹念に追ってみせたのが、戦後六十年のタイミングである。このあたりから、「戦争の終わり」を曖昧にし続けてきた「戦後」の性格に気づき始めた人々が、徐々に問いを投げかけるようになった。

その「戦後」も、「終戦」からわずか十年で早々に「終わり」が宣言される（「もはや戦後ではない」、一九五六年『経済白書』）。しかし当然の如く、現実は単純ではない。多くの人々はその後も「戦後」という言葉とともに「メモリアル（追悼）」を積み重ね、二〇〇五年には「戦後六十年」、二〇一五年には「戦後七十年」と言い続けている。その一方で都度「戦後は終わった」との物言いも繰り返されてきた。なぜこの「終わりそうで、終わらない」宙づり状態は続くのか。もしかするとそれは、我々が棚上げにしてきたものの大きさが、そうさせているのか。

「あの戦争」は、なぜ像を結ばないのか

「終戦」や「戦後」そのものを問う大上段の議論から少し離れて、これまで「戦争」はどのように語られてきたかを考えてみよう。すると――語り手たちに、あるフレーズが共有されていることに気づく。それが「あの戦争は……」という言い回しである。「あの」という言葉は一般に、遠くにある何かを指し示し、特定する。ゆえに、その言葉がきちんと解釈されるには、対象の共有と、それを可能にする聞き手との近しい関係が必要となる。

長い間、我々はこの「あの戦争は……」という言葉を上手く使ってきた。こう切り出すことによって、「アジア・太平洋戦争」なのか「大東亜戦争」なのか、はたまた「第二次世界大戦」なのかという概念的な輪郭は問われることなく、自らを中心に描いた世界の中で体験を語ることができるようになる。するとそれは、国とか社会的立場の次元から離れ、もっと遥かに些細な、個人の身の周りのことを際立たせる――「あの日」「あの出来事」「あの場所では」――例えば被爆地ヒロシマでは爆心地からの距離の上に、地上戦の沖縄では進攻する米軍の足どりに沿って描か

れた想像上の地図の上に、各々の経験を語るべき位置が与えられる。しかしその語りは圧倒的な情報量の受容を聞き手に要求する、そこにアンバランスで非対称的な関係が生じる。それは特に年齢が離れた者には酷である。彼らは「頷く」か、話者の視界に収まる範囲の質問のみが許される状況に追い込まれる。

こうした語りは、対面のコミュニケーション状況だけではなく、一方向のマスメディアの中にもみられる。NHKで数々の番組制作に携わってきた桜井均は、佐藤や坪井と同じ戦後六十年（二〇〇五年）に『テレビは戦争をどう描いてきたか』を著し、テレビ・ドキュメンタリーの語りが、聞き手を顧みないモノローグ（独白）に囚われていた歴史を総括する。そして二十世紀末、一旦そこから脱し始めたように見えたものの、世紀をまたいで「時代は再びモノローグに戻りつつあるように思われる」（439頁）と嘆く。

彼らが戦後の「語り」の検証を世に問うた戦後六十年は、同時に戦争に関する「証言」がメディアの手を借りて社会にあふれ出すタイミングともなった。この時期多くの体験者が自分たちに残された時間を悟り、「このまま墓にまで持っていくわけにはいかない」という危機感をメディアが刺激したのだ。しかしこの体験者の焦燥は、彼らの語りに一層独白的なトーンを加えていく。

皮肉なことに、高齢化社会の到来は「証言」の枯渇に緩やかにブレーキをかけ、デッドラインを先送りさせて今日に至っている。とはいえそれももう限界だ。考えてみれば当然のことだが、二〇〇五年からの十五年で、証言の射程は大きく狭まった。例えば同じ「あの戦争」という言葉を用いても、終戦時点の年齢の違いは「実際に何を見たか」という点において決定的である。加えて聞き手側の労力の負担も、語り手との年齢差に比例する。例えば語り部が、戦跡で「あの場所」と言い、指さす方向に視線を飛ばしても、聞き手にはそこに「戦争のリアル」を見る感性がない。語る側がいかに熱を込めても、残念ながら聞き手には、そもそもその言葉につなぐべきイメージの素材がないからだ。

「戦争を語る」ときに、「世代」が極めて重要なフレームを成している点については、これまでもしばしば主張されてきた。『「戦後」はいかに語られるか』(二〇一六年)で成田龍一は、一九四五年を軸に「体験者」と「戦後生まれ」を細かく分類していく——体験者は「敗戦」に立ち会った年齢で、戦前世代(一九〇〇―一〇年代生まれ)、戦中世代(一九二〇年代生まれ)、少国民世代(一九三〇年代生まれ)の三つに分かれる(57頁)。一方、戦後生まれも「親の戦争体験を一次情報として聞かされた」戦後第一世代と「学校教育やメディアを通して再編された戦争しか知らない」戦後第二世代との間に線が引かれる。これに親の年齢も加味するならば、さらに細分化されるだろう——それだけ、「異なる戦争像」がありうる。

その中で今日、重要な位置にいるのが戦後第一世代だ——実は私(一九六一年生まれ)もそこに属す者の一人である。私は一九二七年(昭和二年)生まれの父と一九二九年(昭和四年)生まれの母の間に生まれた。彼らに出征の経験はないが、徴兵検査や徴用の記憶を持ち、戦中社会の中で既に「大人扱い」をされていた。特に面と向かい、講釈然とした体験談を聞いたことはなかったが、父母の話には、日常とのリアルな地続き感を覚えていた。街角に立つ傷痍軍人の姿や、河川敷のバラックが生々しい「戦争」の残像の中で育った我々にとって、「あの戦争」という指示詞は、まだ親世代とのイメージ共有を支える機能を果たしていたのだ。

成田の著作には、そうした「橋渡し役」としての戦後第一世代の強い自意識を見ることができる。だから古市憲寿（『誰も戦争を教えてくれなかった』二〇一三年）ら新世代の「クールな戦争観」にも耳を傾け、また「東日本大震災」の経験や、「貧困」「ジェンダー」といった現代社会に構造化した暴力にも視野を広げ、そこに新たな「戦争像」を求めていく。それも重要だろう。しかしその前に素通りしてしまったことはないのか。体験者たちが「あの戦争は……」という言葉とともに指し示していたものを、果たして、我々は捉えられるようになったのか——と問われれば、少なくとも私はまだ、自信がない。

「戦争」を抱え込んだ「知識人」

成田龍一の『「戦後」はいかに語られるか』には、「あの戦争」という言葉が曖昧にしてきた対象に接近する手掛かりもある。それは丸山眞男への注目である。丸山は、知識人たちが戦後に形成する「悔恨共同体」（「近代日本の知識人」一九七七年『後衛の位置から』に所収）を批判する。「悔恨共同体」とは、かつての転向した左派論客、軍部へ順応した自由主義者、視野狭窄に陥った専門技術者、無知・無批判な学生たちが、立場を超えて「根本的な反省に立った新しい出直し」を志向した、自己批判による結びつき（115頁）である。そこにブレンドされた「開放感と自責の念」は、専ら感情的なムードに支えられ論壇を席巻した。丸山はこの「悔恨共同体」の限界を、官僚制が進む高度経済成長下での、戦争体験の風化を加速させる、「魂のない専門人」のタコツボ化であると言う（124頁）。

この批判、どこかで読んだ気がした――それは清水幾太郎、「治安維持法への復讐」（『戦後を疑う』に所収）だった――「（治安維持法は）天皇制と資本主義制度とを守ることを目的とした法律で、敗戦までの二十年間、進歩的インテリを初めとする左翼的な人間は、同法に怯えながら生きて来た。敗戦後、同法が廃止された途端、今度は、『治安維持法への復讐』というのが新しい大義名分になり、天皇制を廃して共和制にする、資本主義国日本を倒して社会主義国日本や共産主義国日本を作るというのが、戦後思想の大前提となってしまった」（277頁）。

清水も丸山も、私のように一九八〇年代に社会科学と出会った者にとっては、スターだった。清水といえばM・ウェーバー『社会学の根本概念』、E・H・カー『歴史とは何か』といった「必読書」の訳者であり、かつ『論文の書き方』などで知的手ほどきを施す、当時の大学生には最も身近な「知識人」だった。丸山の『日本の思想』も「必読書」のひとつであり、「タコツボ／ササラ」や「『である』ことと『する』こと」などの二分法は、若者が社会を批評するための格好の道具であった。しかし二人に関する近年の出版物を見ると『清水幾太郎の覇権と忘却』

（竹内洋、二〇一八年文庫版）、『丸山眞男の敗北』（伊東祐吏、二〇一六年）、『丸山眞男の憂鬱』（橋爪大三郎、二〇一七年）等々――すっかり「過去の人」である。

竹内洋は、この丸山と清水の関係に言及する。新進東大助教授と在野の批評家、寡作と多作、政治思想へのこだわりと雑食性。対照的な生き方をしていた二人が、戦後は足並みを揃えて進歩的論壇を牽引する。だがその名声は、安保闘争以降、それぞれに強いバッシングを受けて一気に沈んでいく。こうした「上げて、落とす」メディアのエコノミーの餌食になった点は、非常に似通っている。その末にたどり着いたのが「悔恨共同体」論、「治安維持法への復讐」論という「知識人批判」である。清水は、丸山の「近代日本の知識人」を強く意識していたと竹内は言う。すなわち「『悔恨共同体』の深層には『怨恨共同体』があったのだ」（324頁）と。

両論発表後、彼らは再びアカデミズム全体からの返り討ちを受け、追い込まれる。清水は「右旋回」と厳しく糾弾され、一方、丸山の「悔恨共同体」論は左派にも右派にも相手を叩くアリバイを与えてしまう。清水や丸山の弱点とは何か――それは戦争を「自らの責任において語るべし」とした、プライドにあったと言えよう。それが他の「知識人」たちを刺激した。二人の使命感は、近代の理性主義に支えられている。だからこそ「知識人」たちが「悔恨」や「復讐」といった、本来「理性」とは対極にある感情・情動にほだされていたことが許せなかったのだ。だが丸山も清水も、批判を「知識人」に向ける際に、エモーショナルな物言いを抑えきれなかった。それが論争を泥沼化させたように思われる。

だがもう一つ、後世から見れば彼らには重要な弱点があった。それは、彼らが知識の階層性を自明視していたことだ。丸山は「本来のインテリ」「疑似インテリ」と「大衆」を区別し、清水も「インテリとサイレント・マジョリティ」の二分法をベースに論を進めている。この「知識人（インテリ）」への過剰な期待こそが、彼らの自縄自縛につながる。当然、彼らの論争の空間から外された「大衆」「サイレント・マジョリティ」には、何が語られていたのかは聞こえてこない。つまり清水・丸山と戦前世代知識人とのもめごとは、大衆を「物言わぬ者」として切り捨てることで成立していた「コップの中の嵐」だったのである。これこそが丸山・清水といった個人に止まらない、知識人の「戦後」に対する「敗北」であった。

清水と丸山が戦後史の中に埋もれていった要因として、この「知識人」と「大衆」の二分法、すなわち自らを理性の場に置き、感情・情動を大衆の側に追いやる思考から自由になれなかったことを考える必要はあるだろう。しかしそれは知識人側だけの問題ではない。『戦争の記憶をさかのぼる』で坪井秀人は、「サイレント・マジョリティ＝大衆」が言葉を発しなかったのはある種のカタルシス（心の鬱積をなだめる手段）だったと指摘する（227頁）。だとするならば「知識人の悔恨・怨恨」と「大衆の失語あるいはモノローグ」は、感情・情動に支えられていたという意味では同じレベルにあり、一方的に発せられる言葉とそれに身を預ける沈黙は共犯関係にあったといえる。

既に知る者から、未だ知らざる者へ

「世代論」「悔恨共同体論」という重要なヒントを示しながら、『「戦後」はいかに語られるか』の成田龍一は、ここで立ち止まる。「世代」を「年代」に置き換え、丸山の以降の言説史を、古市憲寿らの新世代の著作にまで拡張することで、むしろ「戦争という対象に止まって」論じるべきその立ち位置を動かし、見失った感がある。そのせいか成田は、未来に期待をつなぐ「戦後の文法」の探求について、二〇一六年の段階では「身もだえするような状況が続いている」（198頁）という。

しかし「平成の終わり」に直面した我々は、「語りの継承」自体が今後も続けられるかどうかに、率直に不安を覚えている。成田は体験者の語りが乏しくなる事態を戦時記憶の「歴史化」と捉え、検証対象とすべきと戦後第一世代に呼びかける――その声に対しては、同世代の最後尾を走る者として、素直に同意したいとは思う。だが、その輪はどう広げていったらいいのか。また知識人同士の叩き合いに終始してしまっては、我々も清水や丸山と同じ轍を踏んでしまうのではないかと危惧する自分がいる――それを回避するためには、未だ聞こえてこない声を聞き、見えない姿に目を凝らす必要がある。

戦後の知識人たちの「饒舌」と「敗北」、戦争体験者の「モノローグ」の噴出、そして伝承が途絶えることへの危機感――これらの問題は、全て「戦争」に関わる語りの一方向性、聞き手との非対称性に根差し、「既に知る者と未だ知らざる者」の二分法がもたらすコミュニケーション不全の表れだったのだ。それは「戦中」「戦後」を通じて、意識の底に刻まれた社会構造そのものであり、一般に語られる「指導者による誤った判断」と「我々は思い込まされていた」という言い訳にも通じる。この二分法は知識人の驕りだけでなく、大衆の免罪意識をも下支えしてきたのだ。

果たして「大衆」は、言われるほどに「無知」で「受け身」の存在なのだろうか。それには「無知」と言われてもそこに居座る大衆心理も加わってはいなかったか。いずれにしても我々は無意識のうちに、この「既に知る者と未だ知らざる者」の構図を保持したまま「戦後」を生きてきた——「大衆」をリードする戦中の「指導者」は、戦後の「知識人」へ。語り手と聞き手は、「戦争を体験した大人」と「戦争を知らない子供たち」へ。そう考えると「終わらない戦後」とは、この互いに相容れない関係が固定され続けた歴史であるようにも見えてくる。

その固定化の徴候は、加藤陽子が『それでも、日本人は「戦争」を選んだ』（二〇一〇年）で、高校生に語り掛ける言葉の中にも感じられる。それを、同書文庫版の解説を担当した橋本治は見逃していない——彼は「叙述の形としては画期的に新しい」（493頁）と言いつつ、「しかし私は、〔この本で「聞き手」となった〕栄光学園のような偏差値の高い高校へ行けるような高校生ではありませんでした」と述べる。橋本は加藤の言葉に短く的確にリアクションをする高校生たちに、暗黙の裡に忍び込む教師と生徒の間の、「既に知る者と未だ知らざる者」の関係の再生産を読み取る。

とはいうものの橋本は、この加藤の実験に、二分法の構図を崩す突破口があることも示唆している。その鍵は「膨大なディテール」情報の語り方にある――戦争特集などの「現在の評論の困難はここにあります。〔略〕膨大なディテールを語る人間は、平気でそれを語りますが、受け手はそれを消化しきれません。だからうっかりすると語り手は自分の語った膨大なディテールを、自分の都合のいい結論を出すための傍証にしてしまう」（495頁）と。そこで加藤はその危険を回避するために、「『戦争を考えるためには、どんな材料が必要か』というところから」始める――この橋本の指摘は、重要だ。そしてその「材料」はいったいどこにあるのか。語り手個人の能力に依存しない「方法」「場」を考えようと、橋本は呼びかける。

赤坂真理もその突破口に気づいた一人である。話題となった小説『東京プリズン』（二〇一二年）で、アメリカの高校でのディベートという舞台装置を使って「天皇」という存在を問う果敢な挑戦を行った彼女は、『愛と暴力の戦後とその後』（二〇一四年）で、その解題を行う。そこで「研究者ではない一人のごく普通の日本人が、自国の近現代史を知ろうともがいた一つの記録」を残そうとする。動機は「それがあまりにわからなかったし、教えられもしなかったから」だ。だがそこで赤坂は古市憲寿のように「無知に居座る」のではなく、「もがく」行為に踏み出した。彼女もまた戦後第一世代の一人である。傍には対峙し語り合うべき相手として、体験者たる母がいた。そしてその肩越しの遠くに「天皇」が見えたというわけだ――「平成の終わり」を告げる「天皇の声」は、確かに目を凝らすべき対象に気づくシグナルになる。

大衆の「ことば」に目を凝らす

私が大学に勤めるようになったのは、二〇〇三年、四十一歳の春からである。もともとは広告会社、インターネット企業で働くサラリーマンだった。メディアの現場で起こる様々な不思議な現象を読む理論の必要性を、ずっと痛切に感じていた。縁が重なり、老けた学生として大学院で「情報」の理論を学ぶことになり、それがきっかけで運よく職を得ることができた。

折しも地上デジタル放送の開始年だった。「放送論」という授業を担当することになった私には、その動きをウォッチする毎日の中で、じきに「デジタル化」が、メディアの社会的布置を根こそぎ変えていく未来が見えた。その核心をネットワークとアーカイブが担うこと、それが我々の時間・空間的な認識基盤となるだろうことも仮説として描けるようになった。そして二〇〇五年の「戦後六十年」は、その具体的な実証の年となった。「戦争」という題材と「メディア」の問題の接近を図る中で、周回遅れでアカデミックの世界に入り、「知識人」という看板に馴染めないでいた私は、「戦争」と「メディア」を結ぶ鍵が、情報の「送り手」と「受け手」の関係を問う地点にあると気づくようになった。

長く続いた「戦後」は、ひと言でいえば、様々な「戦争体験者」の言葉をめぐる攻防が繰り返されてきた時代だった。だが「攻防」とは言っても、ぶつかり合うことがなく、すれ違い続けた印象が強い。「知識人」による歴史解釈の独占はその大きな原因の一つであり、そこに非対称なコミュニケーションを支える力学が温存されてきた。そしてまた「体験者」の中でもそうした「言葉を持つ者」と「持たない者」との間に深い溝が刻まれていた。それは「戦争」について語るべきことがらの共有を妨げてきたのだ。

「戦後」は、戦争を語る人がいなくなったら終わるかもしれない。しかし、それは決してこの分断・対立を解消させるものではない。むしろその溝自体を忘却させ、見えなくさせてしまう――その「蓋」が閉じる――期限が迫っている。戦後第一世代とこうした危機意識を共有しつつ私は、メディアに表現されたものを読む作業を通じて、この問題にアプローチしたい。それは、マスメディアが現代の戦争と同じ二十世紀の産物であるということ。そして何より、ずっと排除され見下されてきた「大衆」の「ことば」（書かれた「言葉」に対し、書かれざるエモーショナルな表現やメタ言語までをも含む、「読まれうるしるし」）が、そこには記されているからだ。それは「戦争」に絡みつく様々な視聴覚的、身体的ディテールを拾いうる可能性にも開かれている。とするならば、「既に知る者と未だ知らない者」の後者の位置からの方が、それらは良く見えるだろう。だからこそ戦争の「語り部」に対して「聞き手」の重要性に着目するのであり、戦後ずっとその非対称なロールプレイに巻き込まれてきた「戦争を知らない子供たち」の立場に光を当てるのだ。

しかしながら「大衆」の（あるいは「子ども」の）「ことば」は、長い間「読まれざるもの」だった。桜井均は、それを認識対象に引き上げるには、膨大な戦争を題材としてきたテレビ番組の集積（アーカイブ）が手掛かりとなることを唱えた。私もそこを起点に、映像や様々な感覚的なメディア表現に射程を広げていこうと思う。映像は往々にして撮り手が意識していないもの、被写体たる人々の無意識を、痕跡として残してしまう。それは書かれた「言葉」の一方向性を破り、「ことば」の共同性を見出すチャンスを与える。

橋本治が言うように「膨大なディテール」の解釈は、決して個人では背負いきれない。そこには一方的に話を聞く人の集団ではなく、それぞれが自らの「ことば」を持ち、それを交換し合い、共に生きる空間・関係（＝コミュニティ）が要求される。

「語り（記憶）の時代から、アーカイブ（記録）の時代へ」――歴史の「忘却」に抵抗していくために「材料」を探し、「場と方法」を創造する我々の作業は、その手掛かりとなる対象を直視することから始まる。

第一章
戦争を「語る言葉」のもどかしさ――戦後六十年以降のテレビ番組から

一　戦争番組の大量生産を検証する

交わらない「戦争」への眼差し

二十世紀は二つの大戦の経験とともに語られることが多い。そしてこれらが、それまでの歴史上の戦争と大きく異なるのは、多くの人々を巻き込んだ総力戦であり、全面戦争だったことだともよく言われる。しかしその規模の巨大さ、もたらされた凄惨さが災いしてか、何に着目すれば戦争のリアルを知ることできるのか、我々はその手掛かりがよくわからないでいる。

百人に問えば、おそらく百人ともが、戦争は忌まわしきものだと答えるだろう。しかしそれが「絶対悪」なのか、「必要悪」なのかでは結論は全然違う。「戦争」の反対語といわれる「平和」

とは何かについても、その認識は十分共有できていない。広島の「原爆死没者慰霊碑」に刻まれたことばにもその共有し難さは表れている。「安らかに眠って下さい 過ちは 繰返しませぬから」という碑文は、端的に反省を言葉にしているように見えて、「誰が」「何を」繰り返すべきでないかを明らかにしてはいない――我々はそれを曖昧にしたまま、戦後を生きてきた。

当たり前のことだがその認識は、その人が戦争の何を見、体験したかによって、あるいは経験をどう語ってきたかによって違う。しかも戦争の記憶を語り得る人々は、いずれも「生き残った人」、すなわち「死を免れた人」である。もちろん戦後世代も「死んでいない」という意味では同じだ。この誰一人「死」という体験の共有ができないことが、「死」に向き合う態度を多様化させ、「過ち」に対する合意を阻んできた。そしてその多様な認識は、その後のそれぞれの生き方に深く関わってきたがために、そう簡単に交わったり、互いに歩み寄れるものではない。そうして対立は繰り返されてきた。

そのことを強く印象づけたテレビ番組がある。二〇〇五年八月五日のゴールデンタイムにTBS系列で放送された『ヒロシマ』である。後にその年の「文化庁芸術祭大賞」を受賞することにもなる、三時間に及ぶ大型番組には、『NEWS23』のメインキャスター、筑紫哲也が司会に、アシスタントには広島出身の新進女優、綾瀬はるかが起用された。数多くの被爆者や海外への取材によって掘り起こされた証言、当時の最新CG技術やドイツ・イギリスの放送局との提携で制作された再現映像、ドキュドラマ（実際に起こった出来事を再現したドラマ）といったたくさんの「素材」を盛り込み、七つの章に亘る番組全体が構成された。

しかし番組は最後に、こうして綿密に用意されたシナリオをひっくり返す。「原爆を作り、落とし、撮影した男」ハロルド・アグニューが来日し実現した、二人の被爆者（西野稔、藤井照子）との対話の場面での出来事だ。「第七章～ヒロシマ六十年目の対話」の終盤のシーンである。各々の被爆体験を述べ、婉曲に謝罪を求める被爆者に対し、アグニューは、真珠湾攻撃に言及してきっぱりと言う――「謝罪はしません」。画面上に、激しい緊張感と怒り、そして互いの「もどかしさ」が沸き上がる。アグニューは最後に慰霊碑に向かって言う。「私もそう望むよ。アメリカも同じだ」（『ヒロシマ　あの時、原爆投下は止められた』95頁）。番組は戦争に対する認識のすれ違いと対立を顕わにして終わる。

『ヒロシマ』に盛り込まれたもの

二〇〇五年の八月は、NHKと民放が競って「戦争番組」を放送した。首都圏だけでもBSを含みその数、百超。十年前の「戦後五十年」と比べても大変な数である。そのうちの七十の番組が、今でも私のハードディスクの中に保存されている。いわば私的なアーカイブである。ここが正直に言えば「戦後第一世代」の最後尾にいた私の、戦争との本当の出会いだった。

これらのうち「原爆」「核」を扱った番組が最も多く、そのほとんどが広島・長崎の二つの原爆忌にあわせて放送されている――『ヒロシマ』も、その一つである。

　番組本編は七つの章で構成されている。「六十年前に何があったのか」「目標は〝ヒロシマ〟」「あの時、原爆は止められた」「一九四五年八月六日八時十五分」「惨劇」「そして、黒い雨が…」、そして最後の章「ヒロシマ六十年目の対話」である。そして番組本編が始まる前に、予告編ともいえる二十分のイントロダクションが配置される。その最初のシーンは、爆心地から二・二キロ離れた御幸橋《みゆきばし》で当日撮影された写真（松重美人《よしと》撮影）で、その被写体となった「少女」がテレビカメラの前で初めてインタビューに応じる。続いて本編の見どころが紹介され、筑紫哲也と綾瀬はるかが現れる。ライトアップされた原爆ドームの前である。筑紫が切り出す。


「綾瀬さん、広島出身だと、原爆のことを考える機会は多い？」

「学校で平和教育は受けましたが、友達と戦争について語るという機会はあまりなくて、でも母からうちの祖母の姉が被爆者であるということは聞いたことがあります。でもなかなか面と向かっては聞きづらく、いままで聞いたことはありませんでした」

「それを、番組を機会に聞いてみたのですね」


　ここから始まる七つの章は、第四章で前後半を折り返す構成となっている。前半は原爆投下までのプロセス、後半は投下以降の惨状と今も続く悲劇が中心である。その対称性は時間的な前後を表すのみならず、キノコ雲の上と下——言い換えれば「落とした側」と「落とされた側」で仕切られた別々の空間を舞台にしている。このすれ違いから生まれる対立を回収すべく最後に置かれたのが第七章だと考えると、登場した被爆者と原爆投下者の「もどかしい表情」の意味を察することができる。このシーンは、戦争における「加害」と「被害」とは何か。それは単純に分けることはできるのかを我々に問いかけている。

『ヒロシマ』は教養番組のセオリーに従って、人々が「原爆」に向ける様々な視線を撚《よ》り合わせ、ひとつに束ねるような仕掛けをふんだんに盛り込んでいる。筑紫と綾瀬の対話による進行も

1945年8月6日午前11時、御幸橋西詰（松重美人氏撮影、中国新聞社所蔵）

被爆者と対面するアグニュー（左から2人目）
（『ヒロシマ　あの時、原爆投下は止められた』〔毎日新聞社〕より）

その一つだが、章と章のあいだで繰り返し「二〇〇五年の原爆ドーム」が映し出され立ち戻る演出もそうだ。さらには前半に会話劇を、後半に海外制作の再現映像を用いたのもその一環と言えよう。そして最後の被爆者とアグニューの対峙シーンもその一つだったはずだ。しかしそれは結果的に、和解への道がわかりやすく、易しいものではないことを暴露してしまった。

被爆をめぐる多様な立ち位置

二〇〇五年八月、このようにTBSが一つの大型番組を通じて、様々な視線を惹きつけ、交わらせようと試みたのに対して、NHKは連日多くの番組を放送することで戦争に関するテーマの幅広さを示した。二〇〇五年の八月は上旬だけで十本以上の「原爆」「核」番組が放送されている。しかもその多くが広島・長崎放送局で制作されたものの全国放送であった。

まず広島放送局（中国五県をネット）制作の『ふるさと発』特集「シリーズ被爆六十年」が五日未明（3：10―）に二本、六日未明（2：40―）に三本の計五本、全国ネットで再放送されている。初日の二本の主題は「はだしのゲン」と「サダコ」、二日目の三本は「張本勲」「被爆建物」「ある被爆二世の旅」――初めの四本は、よく知られた人物・事物や物語をきっかけに、知られざるエピソードを紹介するものだが、最後の一本は少し違う。被爆を経験した「語り手」に注目するだけではなく、戦後生まれの「体験を聴く立場」にも取材している――「戦後六十年」

のテレビは、戦争をめぐる様々な立場に光を当て始めていたことがわかる。

過去の番組の保存・蓄積・公開を目的とした「NHKアーカイブス」事業は、まず二〇〇〇年に同名の番組がスタートし、次いで二〇〇三年に同名施設（埼玉県川口市）が完成して体制が整う。このデジタル時代に向けたNHKの新事業は、目玉として二〇〇五年のメモリアル・イヤーの四月に『平和アーカイブス』のプロジェクトをスタートさせた。NHKアーカイブスの役割の社会的認知を広げるには、まずは過去に放送された番組を、テーマを掲げてピックアップし、紹介していくことが現実的とされたのだ。その狙いにおいて「戦争」、特に「原爆」は格好の題材だった。そこでプロジェクトは、「NHKアーカイブス」枠の特別番組として、過去の番組を比較的長めに「引用」し、新たな取材シーンを交え、加賀美幸子アナの語りでつなぐ「再構成」を試みる。それが八月七—九日の深夜に三夜連続で放送された『語り伝えるヒロシマ・ナガサキ』である。

このシリーズは第一夜「原爆投下　その時何が」で四つの番組を「引用」する。一九七五年の『ドキュメンタリー「市民の手で原爆の絵を」』、一九八二年の『NHK特集「きみはヒロシマを見たか〜広島原爆資料館〜」』、一九八五年の『NHK特集「爆心地　生と死の記録」』、一九九五年の『NHKスペシャル「長崎　映像の証言〜よみがえる百十五枚のネガ〜」』——これらの写真、遺品、絵といった記録を媒介にして「その日の経験」の記憶と「言葉」を再構成する。第二夜「被爆者たちの六十年」では三本。一九六五年の『ドキュメンタリー「耳鳴り〜ある被爆者の二十年～』』、一九八〇年の『ドキュメンタリー「あの子～原子野に生きた三十七人～』』、一九九〇年の『NHKスペシャル「なぜ助けられなかったのか…～広島長崎七千人の手記～』』を用い、劇作家・井上ひさしのコメントを挟んで、被爆者の戦後も続く「苦しみ」に焦点をあてる。

この第二夜で特にクローズアップされたのが、多くの手記や証言が語る「心の苦しみ」——特に後悔や生き残ったことに対する罪の意識である。『ヒロシマ』の被爆者たちが、アグニューに謝罪を求めた理由を彷彿とさせる証言者の言葉は、単に起こった出来事の叙述に止まらない。出来事に対してどう感じ、どう向き合ってきたかという「自分自身を遠巻きに見るような心情」が分かちがたく含まれている——そこに見えているものがずれているからこそ、『ヒロシマ』の最終章のように互いに「相容れない」のだ。アグニューもインタビュー後、取材班にこうつぶやいている——「あれ〔真珠湾攻撃〕で、私の人生が変わった。あの後、友達がみんな殺され始めたんだよ」。

語り手と受け手の非対称性

『平和アーカイブス「語り伝えるヒロシマ・ナガサキ」』の第三夜「伝えたし、されど…」は、この「相容れなさ」に切り込んでいく。冒頭で加賀美アナは、原爆詩人・栗原貞子の逝去を伝え、「またひとり、平和を伝える人が、いなくなりました」と言う。その上で、高齢化で語れる人が減っていく困難な状況に焦点をあてる。この回のタイトルは、「引用」された番組『ＥＴＶ二〇〇〇「伝えたし、されど…～ヒロシマの語り部たち～」』からそのまま採っている。

番組は、広島の「語り部」たちが抱える悩みにフォーカスする。彼らの言葉が修学旅行生たちに響かないのだ――しかしそれを「無関心」「風化」と見なし、若い受け取り手側の問題として扱う。ゲストの大江健三郎は、「話は聞くけど、内面のものとして捉えているだろうか」と疑問を呈し、「過去の話として聴いているだけでは（心が動かない、それではだめで）自分がこれから経験するかもしれないこと」を想像すべきと諭す。

こうしてこの重要な問題提起は、冒頭の二十分ほどであっさり「べき」論に回収され、論点は国際動向に移る。その後は、「海外で原爆を語る」追加取材を挟み、『インターネット・ドキュメンタリー　地球法廷・核と人類』（一九九七年）、そして『ＮＨＫスペシャル「アメリカの中の原爆論争」』（一九九五年）の引用をつなぎ、『新アジア発見「ヒロシマを伝える少女たち～インド・ニューデリー～」』（二〇〇〇年）で再び「海外で」頑張る若者に希望を託して、大江健三郎が自作のエッセイ『「新しい人」の方へ』の一文を朗読して終わる。

果たしてこの番組で、はじめに掲げた「伝えたし、されど…」の問題の核心には迫れたのだろうか――放送から十五年を経てみてわかるのは、この国内の悩みと海外の希望との少々強引な接続は、当時の核保有国拡大や、スミソニアン博物館の展示をめぐる対立などの、「核」をめぐる国際問題の深刻化を受けてのストーリーだったということだ。二〇〇五年八月のＮＨＫスペシャルでも、それを主題に番組が二本つくられている(『ゾーン・核と人間』(八月七日)、『追跡 核の闇市場』(同八日))。しかし今見るとそれらのメッセージは、グローバルな観点に寄り過ぎているようにも見える。

忘れられないインタビューがある。引用された『伝えたし、されど…』の中で、「語り部」の話を聞いた直後の男子修学旅行生は言う――。

「なんか、わかりにくかったね。難しかった」(どんなところがわかりにくかった?)「えーやっぱね。てか、死体の話とかいろいろ出てたけど、想像がつかなかった」

私は率直に思う。なぜ番組はここから先も「送り手のもどかしさ」に止まり続けたのか。この男子生徒の声を掘り下げ、その心情に寄り添おうとしなかったのだろうか。

もう一度、この年に録画した戦争番組のリストを見直す。中央・地方制作を取り混ぜ、「原爆」「核」に関する論点は様々に提示されている。確かにそれは、元々高い問題意識を持つ人、既にその議論の輪の中に入っている人々には訴求力をもつかもしれない。しかし、最初からその外にいる人はきっと見向きもしないだろう。「語り部」たちの中にも同じ分断が生じている。彼らは、自分の言葉の一方向性に気づいていない。そしてこの時のテレビもまた、それに無意識に同調している自らの一方向性に気づいていない。

番組を超える文脈

録画リストを改めて俯瞰すると、二〇〇五年八月のテレビは、九日の長崎忌以降も様々な主題の番組を放送している。そしてそれらは決して単独で番組表に配置されているのではない。それぞれの番組が、他の番組との参照関係をそれとなく仄《ほの》めかしている。

まず、十一日のNHKスペシャル『そして日本は焦土となった～都市爆撃の真実～』を挟む、『九州沖縄スペシャル「火の雨が降った日～福岡大空襲六十年～」』（十日深夜）と『やまなし特集「甲府空襲 六十年目の記録」』（十一日深夜）のタイトルが目に入る。「原爆」から「都市空襲」へのこの流れは、「ヒロシマ・ナガサキ」の記憶を、全国の空襲経験につなぐ役割を担う。ここには、ローカルな記憶とナショナルな出来事との行き来を促したい番組編成の意図が見える。

その後にまた新たな主題が現れる。『靖国神社～占領下の知られざる攻防～』（十三日）、『戦後六十年 靖国問題を考える』（十四日）の二つのNHKスペシャルから、十五日の『日本の、これから「戦後六十年 じっくり話そう アジアの中の日本」』という長時間（三部構成）の討論番組につなぐ流れである。当時の首相参拝が物議を醸していた状況を背景に、戦後処理問題を東アジアとの関係構築の問題に広げる意図がここでは見える。おそらく「靖国」という主題が牽引したのだろう。一本目がドキュメンタリー、二本目で映像をもとに有識者が語り、そして三本目で一

『日本の、これから「戦後60年　じっくり話そう　アジアの中の日本」』（NHK、2005年8月15日放送より）

般市民も交えた討議へと、徐々に場を移していく展開を、番組枠を超えて設計したことは、NHKの編成史的に見ても画期的だ。まず「過去を知り（一本目）」、そこに「批判の目を対置させ（二本目）」、「対話を重ねる（三本目）」設計は、放送の公共性を強く意識したものと言える。

　ところでこの年は八月十五日を過ぎても、複数の番組を結ぶ「戦争」の文脈が張り巡らされている。NHK総合はシリーズ『アウシュビッツ』を十六—十九日の深夜に連日放送、衛星では『戦後六十年　歴史を変えた戦場』を二十九日まで「ベトナム」「フォークランド」「ハンガリー」「チェチェン」「ルワンダ」と展開する。これは十日のNHKスペシャル『コソボ・隣人たちの戦争』の視点を受けたもので、サブタイトル「〝憎しみの通り〟の六年」に示されたように、アジア太平洋の「あの戦争」の閉じた視野とグローバルな大戦、そしてその後の紛争の時代を認識するパースペクティブとの接続を狙ったものだ。

　この年は民放各社も、多くの秀作番組を送り出した。特にTBSは、本章冒頭で取り上げた『ヒロシマ』に続き、すっかり「戦争」の話題が消えかけた八月二十九日に、タイトルが同じ音からなるドラマ『広島』を放送。爆心地に生きた人々の生活を描いた。またフジテレビは深夜のドキュメンタリー枠の『NONFIX』で「シリーズ終戦六十年企画」と題して五週連続放送。遠ざかる「戦争」に対する関心を身近な日常生活に引き寄せる役割を果たした。

二〇〇五年——「テレビ戦争史」の転機

二〇〇五年八月には、他にも多くの記憶に残る番組があった。長崎原爆資料館の象徴的な写真の物語であるNHKスペシャル『赤い背中〜原爆を背負い続けた六十年〜』や、「核」問題に抽象度の高い哲学的解釈を重ねた『ゾーン・核と人間』など、その後も秀作として評価され幾度も再放送される番組が数多く制作された。

当然、新たな番組は、綿密な調査・取材と、資料の発見がなければ作れない。つまりこうした大量生産の背景には資料環境の好転があったということは、踏まえておく必要があろう。特に戦後五十年以降、米国立公文書館の機密解除が拡大したことは忘れてはならない。それに加え、十年前（戦後五十年）には阪神大震災と地下鉄サリン事件、前年（二〇〇四年）はアテネオリンピックがあり、八月番組枠をこれほどまでに「戦争」に充てることができない時期もあった。様々な事情が重なったにせよ、「戦後六十年」は「テレビと戦争」の関係にインパクトを与えるタイミングとなった。

ともあれこうして大量の番組によって、「戦争」を語る種がまかれることになった。それを受けて、二〇〇五年以降、各局は新たな取り組みに踏み出す。特にNHKの動きは顕著だった。十三―十五日の三日間に展開された『NHKスペシャル』から『日本の、これから』への、コミュニケーション・デザインとしても注目すべき編成は、二〇〇六年、二〇〇七年へと継承される。主題も、ローカルあるいはグローバルに視野を広げ、「原爆」「終戦」という国民的記憶の比率は相対的に下がる。実際に二〇〇六年の番組表では、「硫黄島」（七日）、「満蒙開拓団」（十一日）などが『NHKスペシャル』のタイトルに並ぶようになる。

そうした動きの中で、「語り」の位置づけにも変化が表れる。二〇〇五年のTBS『ヒロシマ』や、NHK『平和アーカイブス「語り伝えるヒロシマ・ナガサキ」』以降、「証言」の存在意義自体が問われ始めるのだ。それは出来事の事実性を裏づけるに止まらず、「生きた言葉」として戦争体験の多様性を描く素材としても用いられ始め、新たな解釈を促すきっかけとなっていく（『NHKスペシャル「被爆者　命の記録～放射線と闘う人々の六十年～」』〈六日〉、『BSドキュメンタリー「カウラの大脱走」』〈十二日。本編は四月にBSハイビジョンで放送〉など）。

それは「証言」の力が注目された結果といえよう。もとより「映像の証言」のように、記録のメッセージ性を強調する比喩表現として、「証言」という語は慣例的に使われていた（例えば『教養特集』「映像の証言」シリーズ：NHK教育、一九七六―七八年）。そこに、証言者が数少なくなる危機感の広がりとともに、これまで口を噤《つぐ》んできた体験者の意識の変化が加わる。そしてインタビューが、偶然性に左右される資料の発見よりも事実に接近しやすいことが、番組制作者にも認識されるようになる――それはやがてＮＨＫにおいては『証言記録』（番組シリーズは二〇〇七年にスタート）という、一つのジャンルを生みだすまでになる。

『sengo 62』の目論見と壁

二〇〇七年八月は、こうして「放送によって戦争を可視化しよう」という取り組みのピークとなった。そしてその表れとして、数々の取り組みを一覧できるようにし、そこから「戦争」の全貌に迫ろうとする試みがなされた。それが『ｓｅｎｇｏ 62』と名づけられたＷｅｂサイト（ＮＨＫ）である。現在このページは残っていないが、少なくともこの時は――メモリアル・イヤーではないにもかかわらず――個別の番組制作と編成が一体となって、「戦争」に向ける視聴者の眼差しをナビゲートしようとする意識がＮＨＫにはあった。

『ｓｅｎｇｏ 62』は、単純に言えば八月一日から二十日までの戦争関連番組表である。番組名から各々の紹介ページへのリンクを埋め込んだ、特設サイトの体裁をとったものにすぎず、技術的には「新しさ」はないのだが、それだけでも、「戦後六十年」以降意識されるようになった「編成」の意図が、わかりやすく可視化されたことは事実だ。もとより一人の人間が全てのテレビ番組を見ることは不可能だ。しかし地上デジタル放送以降の録画機能の高度化なども相俟って、タイムテーブル順に番組を受信するだけではない能動性が視聴者には育ってきた。加えてＷｅｂ閲

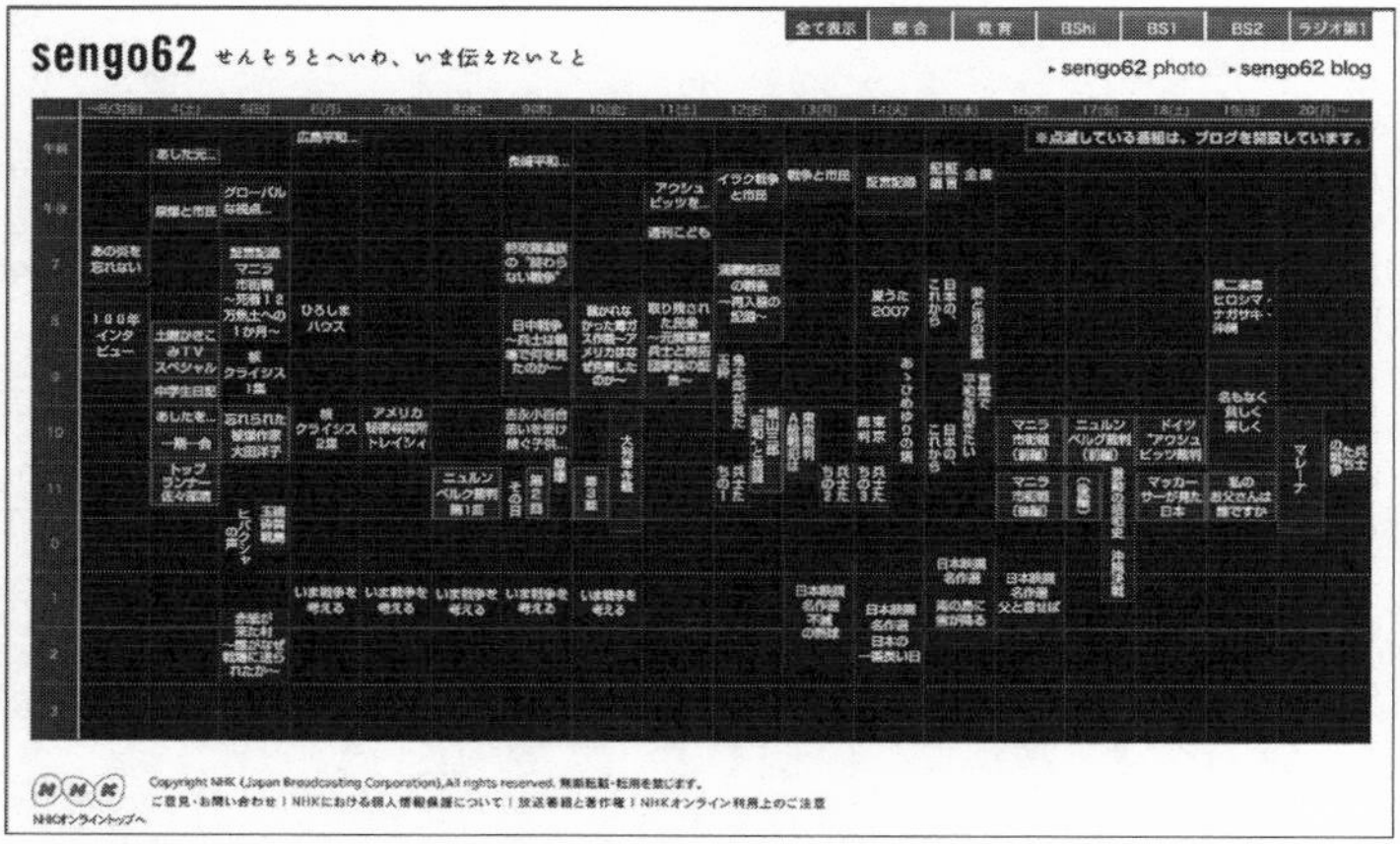

サイト「sengo62」（NHK、2007年8月）より

覧やタイムシフト視聴が一般化したことで、相互の関係性への意識づけが促せるようになった。それが「戦争」番組と出会うチャンスの拡大につながるとNHKは考えたのだ。

　実際に『sengo62』を見ると、縦横に番組を結ぶ糸が走っていることがわかる。NHKスペシャルは前年に続き「原爆」から「核」問題へと展開（五―六日二夜連続の『核クライシス』）、前線に向けた眼差しは『秘密尋問所トレイシー～日本人捕虜が語った機密情報～』（七日）と『鬼太郎が見た玉砕～水木しげるの戦争～』（十二日）をつなぎ、マンガ家「水木しげる」を「戦争証言者」と位置づけ、ドラマ形式で戦地のエピソードを生々しく訴えた。また、BSハイビジョンでは「原爆と市民」（四日）「イラク戦争と市民」（十二日）「戦争と市民」（十三日）と、「市民」をキーワードに、過去数年の重要番組を再放送している。

さらに五日の『マニラ市街戦～死者十二万 焦土への一か月～』を皮切りに、『証言記録』シリーズがスタート。またこの年も十三―十五日のNHKスペシャルと『日本の、これから』をつなぐ三夜連続編成がなされ、二〇〇五年の「靖国」、二〇〇六年の「日中戦争」に続いて「東京裁判」を取り上げる。徐々に「戦争責任」を論じる素材が整っていった格好だ。

こうして、戦後六十年から三年間で、ほぼ「かたち」が整ったかに思われたNHKにおける「テレビと戦争」の認識環境だが、しかしここで壁に突き当たる。翌二〇〇八年八月は、北京オリンピック中継がプライム帯（19：00―23：00）を支配し、『sengo63』のサイトは開かれず仕舞い。戦争番組制作のハイペースも一気に失速していく。

その兆候は、実はこの二〇〇七年のうちからあった。特に注目すべきは例の十三―十五日の三夜連続編成である。「東京裁判」という題材を扱うにあたって、過去二年踏襲された一日目がドキュメンタリー、二日目は有識者の議論、三日目に議論を一般に広げるという「コミュニケーション・デザイン」は崩れる。一日目、二日目ともドキュメンタリーを並べて（二日目は、唯一被告人の全員無罪を主張した「パール判事」が主役）判決への相対する評価を併記的に提示し、三日目はそれをいきなり「憲法九条」の賛否両論に結びつける。

二〇〇七年八月を俯瞰すると、番組編成の中にこうした「バランス感覚」が入り込んだことに加え、戦争の話題を避けたい人への配慮の痕も見ることができる。例えばNHKスペシャルでは終戦の日の翌日、十六日の17：30―20：45に『生中継 京都 五山送り火』が入り、十九日、二十六日、二十七日にシリーズ『世界里山紀行』が並ぶ。終戦の日以降は月内の見逃し対応の再放送を除き、地上波から「戦争番組」は消えているのがわかる。失速は既に『ｓｅｎｇｏ 62』の裏側で始まっていたのだ。

それでも個別に見れば、二〇〇八年の八月にもいくつかの秀作が放送されている。ＮＨＫ広島放送局制作ドラマ『帽子』（二日）、ＮＨＫスペシャルでは『見過ごされた被爆～残留放射線 六十三年後の真実～』（六日）、『解かれた封印～米軍カメラマンが見たＮＡＧＡＳＡＫＩ～』（七日）、『果てなき消耗戦 証言記録 レイテ決戦』（十五日）、『調査報告 日本軍と阿片』（十七日）等が北京オリンピックの合間を縫って、なんとか前年までに重ねた「戦争を認識しよう」とする文脈をつなぐ。しかし存在感はそこに至る数年の夏に比べるとかなり薄い。

そして十年が経った

ドキュメンタリーのタイトル前の導入ナレーションに、近年「知られざる攻防に迫る」というフレーズをよく聞くようになった。まさに「東京裁判」を扱った二〇〇七年の二番組にもこの「攻防」という言葉が用いられている。これもまた「両論併記」同様、異なる視座からの異なる世界観を交互に映し出す表現に充てられたものだ。それは単に形式的に並べたものか、コントラストから本質に迫る狙いがあるのか、その境界線は微妙だ。むしろそれは『ｓｅｎｇｏ 62』を試みた夏以降、「戦争」という「主題」それ自体が編成上の「攻防」の対象となったことを表してはいまいか。そして重要な番組が八月以外に放送されるようになるのも二〇〇八年頃からだ。そして二〇〇九年からは、いよいよその「攻防」に素材の乏しさが加わり、番組そのものの作りにくさが露呈するようになり始める。

この二〇〇九年、NHKスペシャルは八月九日から三日間『日本海軍 四百時間の証言』を放送。TBSは『最後の赤紙配達人～悲劇の〝召集令状〟六十四年目の真実～』（十日）などが目を引く。もちろんそれぞれに発掘された新たな「真実」を扱う、力のこもった番組なのだが、無人のセットに擬人的に語らせるシーンや、ドキュドラマなどの演出が映像素材の不足を映し出してしまう。その一方で『証言記録』は、BSハイビジョンやETV特集といった、大衆の目の届かない枠を拠点に、こつこつと積み上げられていく。

二〇一〇年も苦しい状況は続く。しかし二〇一一年、東日本大震災が起こり、しばらく静かになっていた「核」に対する問いが、再び過去と現在をつなぐ糸となる。また一―三月に放送されたNHKスペシャル『日本人はなぜ戦争へと向かったのか』全四回を二回に再編集し八月十五日に放送。十四日の『圓《えん》の戦争』も経済の観点から戦争への加速を探求する新しい試みだった。驚いたのは二〇一二年。ロンドンオリンピックがあったにもかかわらず、前年の「なぜ」のタイトルを継承し、NHKスペシャル『終戦 なぜ早く決められなかったのか』（十五日）などの大型番組が次々投入される。この年は、TBSも震災から始まった新しい試みを「戦争」のテーマに広げる。八月十九日の深夜（25：05―28：05）に放送された『報道の魂「八・一五終戦 記者たちの眼差し」』は、JNN系列の若手記者十九人がオムニバス・ドキュメンタリーという新しいスタイルで、各地の「記憶の継承」を取材した。

二〇一三年八月、NHKの番組表には再び数多くの「戦争」を扱ったタイトルが並ぶ。『ｓｅｎｇｏ 62』以来の編成である。十五日には、それまでのドキュメンタリーでの問題提起を受ける『シリーズ日本新生「戦後六十八年 いま、〝ニッポンの平和〟を考える」』という討論番組が復活。それを挟んでNHKスペシャルは『自衛隊と憲法 日米の攻防』（十一日）、『緒方貞子 戦争が終わらない この世界で』（十七日）と国際的な視野で戦争を考える。ETVも『摩文仁《まぶに》 沖縄戦 それぞれの慰霊』（三十一日）など要所要所で重要な番組を放送した。この流れは二〇一四年も続き、八月十五日に討論番組『シリーズ日本新生「戦後六十九年 いま〝ニッポンの平和〟を考える」』で市民との対話の場を広げた。

こうして戦後六十年からの十年の「テレビと戦争」の動きを追ってみると、本当に数多くの番組がつくられ、放送されてきたことがわかる。そして我々の定まらない「戦争」に対する眼差しをなんとか整理し、照準を定めるべき対象を提案し、年によって強弱はあるものの鋭い問題提起を続けてきた。だが、振り返るとこの十年、どうも我々は「同じところ」をグルグル回っていたようにも思える。二〇〇五年の『ヒロシマ』のアグニューと被爆者の間の対立、そして『平和アーカイブス』の「語り部」と修学旅行生の間に可視化された「伝えたし、されど…」（『ETV

二〇〇〇』）の「もどかしさ」の正体は、未だ捉えられていない。

そして迎えた二〇一五年。戦後七十年目の八月一日。同じようにまた戦争番組のチェックを始めてみて驚いた。この年は十年前の比ではない。二百以上の番組が、NHK、地上波民放、BS各局で放送された――リストアップした総数二百六。月内再放送を除いても百七十八番組もある大変な数である。もはや録画が追い付かない状況に、とりあえずEPG（電子番組表）の説明データを保存し、必要なものだけHDDに保存する作業に切り替えた。もう聞けなくなると思われた体験者たちの「証言」も、高齢化社会に逆に助けられ、期限が先送りされた格好にもなっている――とはいえ、その中心は当時子どもであった世代に移ったことは紛れもない事実だ。

「戦争を考える」ために、何を資料として残さねばならないか――その課題は、継承のあり方をより深く問うべき、新たな段階に入ったのだ。

二 「語り、伝える」ことの限界

戦後七十年の二百番組

二〇一五年、戦後七十年に、なぜこれほどまでの数の番組が放送されたのだろうか。国会前では連日「安保法案」をめぐる怒号が飛び交い、これまでと違った意味で人々が「戦争」を意識するようになったのは確かだ。しかし、それだけではこの「大量生産」は説明できない。

リストアップをして気づいた大きな変化は、まずはBS放送の番組の多さである。把握できた範囲では、ひと月総数で七十八、うちNHKのBS1とBSプレミアムで二十九、民放系で四十九番組も放送されていた。ちょうど民放系BSの開局十五周年にあたっていたこともあろう。十年前は調査対象から民放系のBSは外していたので比較できないが、大変な数である。地上波民放局の番組にも動きがあった。この年リストアップした番組数は四十六。十年前は全局で十六番組だった。一律に増えたのではなく、十五がTBS、十三がテレビ朝日、九が日テレ、フジテレビは三、テレビ東京が六（但し内三つはドラマ『永遠の0』一―三話）と、両極に分かれた格好だ。

この番組数の背景には、まずアーカイブの整備があったことが挙げられる。各局で過去の番組の再放送やそれらを参照しての新たな番組制作が盛んに行われた。二〇〇五年の『ヒロシマ』もアンコールとして二時間の短縮版が八日に放送されている。同番組に登場した証言者・藤井照子がNHKの『NEXT 未来のために「ヒロシマに生まれて～被爆者と高校生たち～」』（五日深夜）に、『赤い背中』の主人公である谷口稜曄《すみてる》（後述）がテレビ朝日の『テレメンタリー「シリーズ戦後七十年 爆心地から世界へ」』（十日）に登場している点も見逃せない。またかつて『平和アーカイブス』で扱われた「もどかしさ」は『クローズアップ現代「ヒバクシャの声が届かない～被爆七十年〝語りの現場〟で何が～』』（五日）に引き継がれる。九日のＮＨＫスペシャル『〝あの子〟を訪ねて～長崎・山里小 被爆児童の七十年～』も、一九八〇年の『ドキュメンタリー「あの子～原子野に生きた三十七人～」』の「再追跡」版である。

二つ目に、各局が、番組枠の中や番組を横断するかたちで積極的に「戦争特集」を組み、タイトルに掲げたこと。テレ朝の『テレメンタリー』や日テレの『ＮＮＮドキュメント』といった深夜のドキュメンタリー枠がそうするのは予測できたが、Ｅテレの『ハートネットＴＶ』、テレ朝『徹子の部屋』、ＢＳ日テレの『深層ＮＥＷＳ』や『日テレＮＥＷＳ24』の複数回にわたる特集も目を引いた。中でもＴＢＳの編成全体にわたる取り組みはこの夏の大量生産につながるものだった。「千の証言」という冠タイトルの下にいくつもの番組が放送されたが、一日と二日夜のドラマ『レッドクロス～女たちの赤紙～』と二日日中《にっちゅう》のドキュメンタリーの連動は注目を集めた。そこで扱われた「従軍看護婦」はこの年の目玉のトピックとなり、局の壁を越えてＮＨＫスペシャル（十三日）、ＢＳ1スペシャル（九日）でも取り上げられた。

加えて「証言」にも戦後七十年を特徴づける傾向が表れる。「従軍看護婦」もそうだが、十年前は考えられなかった「主題」で声が集められる。カメラマンや少年兵、音楽関係者まで、様々な職業や立場に光が当たり、その行動が戦争と関係づけられ、総力戦化の実相が描かれていく。「証言」はそこで、善悪を超えたリアリズムを与える役割を担った。

「証言」の中には、新たに取材したものばかりでなく、過去に収められた音声資料等の中を探索し発見されるケースもあった。テープに残った今は亡き人の声と、書簡などの文字資料や遺品とを照合し、それらを手掛かりに戦跡や様々な地域へ赴き、取材を重ねる形式も目立つようになった。残された「記録」の中から「証言」を見出す作業と、新たに集めた「証言」を「記録」として残していくアプローチが番組素材を豊かにし、「主題」に多くの角度から光をあてることに結びついた。十年前に始まった「証言」枯渇への危機感が出発点となり、テレビは少しずつ、多くの市井の言葉と、発掘された文書の言葉を重ね、出来事に立体感を与えるようになっていった。

そうした中で、『ハートネットTV』が掘り下げた戦時における障害者の生活や、「戦後ゼロ年」というテーマ設定によって終戦直後の孤児や弱者たち、あるいは国内に比べて乏しかった大陸、南方やシベリアなどの前線や抑留地の実相に迫る情報が、ずいぶんと我々の視界に入ってくるようになった。「証言内容」にも驚かされるものが少なくない。特にBSジャパンが十五日午後に放送した『発掘！ 戦場の叫び～元兵士千五百人が伝えたい真実～』は衝撃だった。民家に残された四千本を超える証言映像の発掘、その量もさることながら、かつてはタブーとされてきた「人肉食」などの前線の闇の歴史の「告白」が電波に乗ったことは驚きだった。それはドキュメンタリー史に残る名作『和賀郡和賀町』（NHK、一九六七年）の、ストップモーションがかかったシーン（直接的な表現が憚《はばか》られたこと）を思い起こさせる出来事である。

二〇一五年にリストアップした百七十八番組のうち、二十九番組のEPGデータに「証言」の文字が見られることが示すように、「証言」は番組を成り立たせる不可欠の要素として定着した。しかしその数は、かつての「語り部」の「意志を持って物語る姿」とは異なる意味で、断片的な「データ」として集積され、扱われるようになったことを表している。もちろん、多少「先送り」されただけで、戦争に関する新たな「証言」が出てくるチャンスは今後急速に失われていくだろう。この二〇一五年八月は、その束の間に現れたオンエアラッシュであり、それは同時に我々にとっては、「戦争を語る言葉」を聞き手として受け止めることから、主体的に読み解く時代への変わり目を指し示すものであった。

バラク・オバマと天皇の退位表明

そして二〇一六年、我々の「戦後」は劇的な出来事に次々直面する。

五月二十七日、第四十四代アメリカ合衆国大統領バラク・オバマは、伊勢志摩サミットの機会を利用し、世界で最初に原子爆弾が落とされた地、広島に足を運び、平和記念公園でスピーチをした。現職大統領として初めて行ったその全十七分間の内容は、米大統領の立場を考えるとかなり踏み込んだものだった。

広島の聴衆を前に彼は、やはり原爆を落とした「主体」を明確にはせず、「謝罪」の言葉も口にしなかった。しかしその代わりに、人類太古からの戦争の歴史を振り返り、戦争そのものを共通の敵と認識することによって、未来志向の平和主義的な文脈において「和解」を訴えた。「原爆（the atomic bomb）」「核兵器（nuclear weapons / nuclear stockpiles）」という直接表現は抑え、「死神が空から舞い降りる（death fell from the sky）」「死の道具（deadly materials）」といった修辞を用い、人類史を射程に、その共同性に訴えかけたのだ——格調の高さでは一級と言われてきたオバマらしい演説であった。

そのおよそひと月半後（七月十三日）、NHKは天皇の生前退位の意向をスクープ。広島の平和記念式典の二日後（八月八日）、天皇はビデオを通じてそれを表明する。その十分五十七秒の動画の中で、天皇は繰り返し計八回も「象徴」という言葉を用いた。要約すると——自らの「象徴天皇としての立場」が正統化されるのは、「象徴としての務め」が果たされる限りにおいてであり、そのためには「象徴的行為」によって、その「役割」に国民的理解が得られることが条件とされる——となる。「象徴としてのお務めについての天皇陛下のおことば」と題され、残されたこのメッセージは、「象徴天皇とは何か」について、その役割を担った自身の言葉をして、主権者たる国民に問うたものといえる。

二〇一六年の八月の番組表には、この二つの出来事を受けて異変がおこる。EPGの説明データを開いてみると、「オバマ」の言葉を引いた番組は式典の中継を含み八つ、「天皇」の言葉は、「おことば」そのものを報じた特番と式典を含み十六番組が制作された。そして「オバマのスピーチ」は、八月六日の平和記念式典の市民たちの言葉を大きく変えた。独特の中空に向けた眼差し、キャッチフレーズである「we can」の多用、そして感動的な被爆者との抱擁――これらの行為は、原爆を落とした国と被爆者の間の深いわだかまりを完全に払拭するまでには至らなかったが、それでも広島の人々の心を確実に捕えたのである。

市長松井一實《かずみ》の「平和宣言」は、オバマの言葉を随所に参照し、歴代市長によって引き継がれてきた「核兵器＝絶対悪」のトーンを強めた。だが、それよりも明確に前年との差が表れたのは子どもたちの「平和への誓い」だった。前年までそれらには、次第に深まる「被爆の記憶の伝承の危機」に対する不安が映し出されていた。しかし二〇一六年は違った。「被爆された人の辛さは、いつまでも、いつまでも終わることはありません」「被爆者の思いや被爆の事実を自らの体験のように、想像するのです」と、子どもたちは言い切った。

一方天皇は、十五日の全国戦没者追悼式で「おことば」を述べる。退位表明直後だけに、それに多くのメディアは注目した。しかし八日のビデオよりはるかに短いその定型的な言葉を境に、それまで自らの言葉で国民に問いかけた「象徴」の意味に、答えを出そうとしたテレビ番組（NHKスペシャル『象徴天皇 模索の歳月』〈八日〉、BSジャパン『皇室の窓スペシャル～象徴天皇とは？ 両陛下の思いと歩み～』〈十四日〉など）も、徐々に数少なくなっていく。そして「お気持ち」は天皇自身の高齢による「ご公務の在り方」「ご心労」に読み替えられ、天皇の退位は、祝祭の文脈に上書きされていく。

オバマのスピーチも、既にレームダックと評される中の「言葉」であった。やがてアメリカでは異色の大統領ドナルド・トランプが就任し、その型破りの言動にメディアの目は奪われるようになる。

「語り手なき時代」の到来

二〇一七年の夏は、それでも制作者たちは踏ん張った。NHKスペシャルでは、「あの戦争」を掘り起こす、大型スクープ番組が次々放送されたのだ。『七三一部隊の真実～エリート医学者と人体実験～』（八月十三日）、『樺太地上戦　終戦後七日間の悲劇』（十四日）、『戦慄の記録　インパール』（十五日）などが注目を集める。そして二〇一八年にも『ノモンハン　責任なき戦い』（八月十五日）などによって、まだまだ知られざる事実が沢山あることが突き付けられる。また、新しいデータ処理技術によって戦争の実相を俯瞰しようとする番組も現れる。NHKスペシャル『原爆死～ヒロシマ　七十二年目の真実～』（二〇一七年八月六日）、『本土空襲　全記録』（同十二日）――これら「データ・ジャーナリズム」（膨大な情報から真実にアプローチする手法）は、二〇一五年六月に放送された『沖縄戦　全記録』を起点に広がったものだ。それは「証言」が得難くなる中で、テレビが生き残りに懸けた選択肢の一つである。

既に「語り手なき時代」はそこまで来ていた。その証は、「戦後」を舞台とした番組が増えてきたことにも表れている。NHKスペシャル『戦後ゼロ年　東京ブラックホール　一九四五―一九四六』（二〇一七年八月二十日）や、『〝駅の子〟の闘い〜語り始めた戦争孤児〜』（二〇一八年八月十二日）、『広島 残された問い〜被爆二世たちの戦後〜』（同六日）、『祖父が見た戦場〜ルソン島の戦い 二十万人の最期〜』（同十一日）、BS1スペシャル『父を捜して〜日系オランダ人 終わらない戦争〜』（同十日深夜）などは、戦争が手の届かないところに去っていく現実の、新たな「もどかしさ」の表れでもあった。

数だけを拾うならば、この両年とも百以上の番組が放送されてはいる。しかしその多くが再放送。その担い手もNHKあるいはBSが主であって、地上波民放の番組は、戦後七十年以降徐々に少なくなる。中でも日本テレビとフジテレビの減り方は極端だ——日本テレビは二〇一六年から（天皇退位特番を除き）深夜の『NNNドキュメント』以外の番組はリストから消え、フジの戦争番組は『わしらの声は、届くかのぉ〜被爆者七十五歳NYへ行く〜』（二〇一七年八月八日深夜）を最後に番組表から消える。TBS、テレビ朝日でも番組数自体は減少している。

もちろんその背景には、八月イコール「戦争を語る」月であるという特別感がなくなってきたこともある。「戦争」は、様々な物語の中の一つのエピソードとして——例えば朝ドラや民放の松本清張モノの特番ドラマなどの舞台設定の中に埋め込まれ、後景化していく。これを、映画『この世界の片隅に』のヒットと重ねて考える意味は小さくない。二〇一六年十一月に公開が始まり、空前のヒットとなったこの映画の「生活者の目線で戦争を捉えた」等の評価は、戦争は遠ざかったように見えて、実は現代に生きる我々の心性に、今もなお深く根を生やしていることを訴えている。

二〇一七年と一八年の八月番組編成では、「戦争」を扱った番組の放送時間帯が、ますます深夜遅くに深くなっていった。これをBSの比率が高くなっていることと合わせて見ると、既に「戦争」が、一般視聴者を広く対象とした「主題」ではなくなり、実質的には興味・関心のある人に向けたセグメント・コンテンツとなってきたことも示している。これには「戦争への遠さ」だけでなく、メディアの多様化に伴って選択的に行われるようになった人々の情報行動の変化が関係している。

メディアと我々の共同性

「テレビ離れ」の動向は、数字に表れにくい。総視聴率（テレビ自体への接触率）の推移を見ても、マスメディアの力がピークを迎えた一九九八年（電通「日本の広告費」の最高値）と二〇一八年との差は、ゴールデンで十％ほど。「テレビ時代の終焉」と、言われるほどの下落幅ではない。しかしこの数値のベースは「世帯視聴率」であり、家庭でテレビがついていることをカウントしただけなので、テレビのモニターの前にいる人数をそのまま拾ってはいない。スマートフォンをいじりながらの「ながら視聴」の広がりなどを考慮すると、実際はもっと大きなテレビに対する依存度の低下があるはずだ。

それはテレビ番組の作られ方に、むしろ顕著に表れている。現在の編成を見ると、ドキュメンタリーは一部の地域や著名人のルポを除いて深夜帯に追いやられ、ドラマも放送回数が激減している。報道番組も大半がワイドショー化しているように、ほとんどのジャンルがバラエティ的な構成を採用していることにも気づく。バラエティ番組は断片化した情報（話題）を、役割分担がなされた出演者がトーク（お喋り）でつないで成立させる、一種の「ロールプレイ」である。それが生産されるスタジオでは、メッセージを送り手から受け手に確実に伝えることに対するこだわりは消え、それらを「ネタ」に情報と「戯れる」消費行動が、視聴者の主目的とされる。

もともとテレビというメディアの主機能は、ストック（情報の蓄積）ではなくフロー（流れ）であるといわれてきた。それは逆にいえば、送られてきた情報を受け止め、溜め込む機能がテレビの外に社会的に担保されてきたわけで、振り返れば一九五〇―六〇年代のテレビの急激な普及は、家庭やそれを中心とした地域共同体の残滓《ざんし》に依存していたとする研究も少なくない（当時の、ホームドラマの人気はその反映であった）。ゆえに「家族なるもの」の解体とテレビの衰退の二人三脚――それとパラレルに進んだ一九九〇年代中盤以降のネットの普及は、一つの地殻変動の上に起こった現象であると、解釈することもできる。

デジタル・メディア環境における、記憶の居場所はどこになるのだろうか。人の記憶は、まずは帰属する集団の慣習や共通体験の中に宿る――ベルクソンやデュルケムらの影響を受け、戦前から『集合的記憶』の研究に着手し、一九四五年に強制収容所内で病死したフランスの社会学者、モーリス・アルヴァックスによれば、「集合性」こそが記憶を刻み変容させる枠組みであるという。それは個人としての経験と、歴史や法、経済などの社会的ファクターとを結ぶ媒介となる、動的な概念であった。かつての家族や地域のようなコミュニティがその役割を果たしてきたならば、「ポスト・テレビ時代」はどうなるのか、という疑問は当然生じるはずだ。

よく「テレビは我々の集合的記憶をつくりだしてきた」とメディア研究者は言う。確かに、幼い頃によく見た番組やそこで伝えられた出来事・事件は、世代意識をつなぐ紐帯になる。しかしそこでテレビが「戦争を語ってきた」という事実に向き合うとき、その体験の共有は「語りの内容」たる、過去の出来事に対しても遡ることは可能なのか、それとも単に「過去の出来事を言う〝いま〟」という時間を共にしているだけなのかという、厳しい問いを突き付けられることになる。そしてテレビの黄昏は、実はこの認識のギャップを抱え込んだまま、日々進んでいる。

ネット社会の情報のストックは、検索結果やSNSのバズワード（それっぽい流行語）を引きつつ話題を回すことで、バラエティ化した多くのテレビ番組の中で形式上共有されている。しかしそこで「記憶」は生きた状態で存在しているのだろうか。いずれにせよ我々は戦後、自らの共同性をメディアに預けてしまう生活を続けてきた。その結果が、この過去にも現在にも開き直れる世代と環境の広がりである。「あの戦争」の記憶の行方も、全てこの大きな変化の中にある。

アーカイブ化する「証言」

これまで「あの戦争」の記憶は、「語り、伝え」ていくべきものとして、数多くの番組の形式と連動し、送出されてきた。テレビマンたちは、まずはリアルタイムにモニターの前に向かう視聴者に、メッセージをいかに伝えるかに集中的に知恵を絞り、番組内にいくつも「仕掛け」を仕込み、あるいは番組「枠」を破って相互に内容をつなぐ「糸」を編成によって結ぶ試みを続けた。しかしその蓄積されていく膨大な情報量とスピードに対し、視聴者である我々の受容する力には限りがあり、それに十分に追いついてきたとはいえない。

戦争の記憶は、それを経験した人の数の分だけある。仮にそうした人々が、数は少なくなったとはいえ、一斉に口を開くようになったとしたらどうだろう。はじめは資料も乏しく、またモノローグが大半を占めていた証言も、徐々に——特に戦後六十年、七十年というメモリアルを経て、多様性をもつようになった。そのプロセスにおいてテレビが一定の役割を発揮したことは間違いない。とはいえテレビというメディアは所詮、一方向に情報を運ぶだけの装置である。そこにおける発信者と受信者の非対称性は、「語り、伝える」ことの矢印の向きと重なり、伝える側の思いの強さを増幅させる。それがむしろコミュニケーションの「もどかしさ」を募らせてしまう、そんな負の側面はなかったのだろうか。

再放送や過去の出演者を再訪する番組の増加は、新たな取材が困難になってきた現実の結果ともいえるが、それは戦争を語る「語り口」の変わらなさを体現しているようでもある。もちろん「戦争を拒否する」というメッセージには普遍性があるし、「戦争を知らない子供たち」が次々新たに生まれてくる中では、いかに過去の番組であっても繰り返し放送されるべきだとの考えもわかる。しかしその多くが深夜やBSに追いやられている現状には、誰もいないところで大声を出しているような虚しさをも感じる。

一方で、再放送や参照番組の制作ができるということは、過去の番組を保存・活用するためのアーカイブが整ってきた証でもある。放送のデジタル化の一つの柱でもあるアーカイブ事業は、ようやくNHKや「放送番組センター（放送ライブラリー）」、各局の積極的な取り組みが目立つようになってきた。当初、「再放送」「引用」など番組制作の範囲に活用が限られてきたアーカイブ事業も、少しずつだが新しいメディアを利用して新たな視聴者を獲得するアクセス・ポイントを設けるようになった。それまでは特定の場所に行かなければ番組を見ることが出来なかった「公開ライブラリー（NHKアーカイブス）」「放送ライブラリー（放送番組センター）」の制約が解かれ、二〇〇八年頃からオンデマンド放送がスタート。動画配信が盛んになる中、放送コンテンツが「放送外」で利用される機会も増えていった。

特にNHKでは二〇〇五年から始まった『平和アーカイブス』、二〇〇七年から動き出した『証言記録』等の取り組みが、そのプロジェクトごとに番組や映像の公開を進めてきたが、二〇一三年七月に始まるシリーズ番組『日本人は何をめざしてきたのか』をきっかけに、「証言」を軸にその統合が進められる。二〇一七年八月からは、広島・長崎の両放送局が制作した番組などを加えて、プロジェクト別に公開されていた番組や映像資料が、Ｗｅｂサイト「ＮＨＫ戦争証言アーカイブス」(https://www.nhk.or.jp/archives/shogenarchives/) にポータルとしてまとめられ、様々な情報にアクセスできる場が整えられ始めた。

このような「証言」を核とした記憶のアーカイブ化は、「戦争」記録と我々との出会い方の転換期がいよいよ始まったことを示している。「語り、伝える」ものから、「アクセスし、読む」対象へ。そこでは必要な情報、知識、経験を受け取る際に、新たなコミュニケーション態度やリテラシーが要求されることになる。もちろん遍在する「証言」収集事業は、全国の公文書館、博物館・美術館、図書館、大学などでも、映像資料のデジタルアーカイブ化・プロジェクトとして進んでいる。例えば広島では、一九八六年から広島平和文化センターが証言の収集を始め、既に一千以上の映像が保存されるに至っている。だがそれがデジタル・プラットフォームの上で、どのように公開・活用されていくのか、その道筋は未だ定まってはいない。

三 「語り部」の戦後——谷口稜曄の場合、近藤一の場合

「証言者」と「語り部」

そもそも我々は「戦争を語り、伝えるという行為」が途絶えることの意味を、どれぐらい理解しているのだろうか。それは、単純に同じメッセージをコピーペーストして、伝言していくリレーではないことは確かだ。

戦争を語る行為は、我が国の場合、いくつもの曲折を経て今日に至っている。そしてテレビをはじめとするメディアは、まさにそれを映す鏡となってきた。特に戦後六十年（二〇〇五年）以前は、地域で戦争体験を語る活動を実践してきた、所謂「語り部」と呼ばれる人が主な担い手となって言葉を紡いできた。それがこの頃から、番組取材を契機に「初めて戦争を語る」ことになった人が、映し出されるケースが目立つようになる。

再び二〇〇五年の『ヒロシマ』に戻ろう。この番組にも多くの「語り部」が出演している。爆心地から二百六十メートルの至近距離で被爆した高蔵信子《あきこ》。「燃える手」を描いた原爆の絵でも知られた彼女は、その場所で生き残った稀有な経験から、多くの場でその経験を語り、また二〇一九年、九十四歳になるまでメディアで言葉を発してきた。市電の運転手として広島駅で被爆した藤井照子。『ヒロシマ』ではアグニューとの対談に臨んだ彼女も、二〇一一年まで修学旅行生

などを対象に「語り部」活動を続けてきた。また『ヒロシマ』には、自身も被爆しながらも医師として診療に力を注ぎ、多くの著作を残した肥田舜太郎《ひだしゅんたろう》も出演している。

彼ら「語り部」の言葉に特徴的なことは、自らの経験と、「核兵器廃絶」という結論の距離の近さである。何度も語ってきたが故の、堂々とした、矛盾なき、行動と一体となった存在感も共通している。それに対し、語り慣れしていない人のたどたどしい言葉、その表情は、全く別の発話行為としての意味を持つ。『ヒロシマ』の冒頭シーンに登場した「松重美人撮影のセーラー服の少女」、河内《こうち》光子の語りは、後者に属するものである。番組では、河内は初めて「カメラの前で語った」と紹介されたが、実は一九七三年に一度名乗り出ている。しかし彼女は「語り部」にはならなかった。「親友たちが亡くなった中、自分だけ生き残ってしまった、という思い」が躊躇させたのだと言う。その河内も二〇一八年一月に亡くなっている。そのことを報じた夏の日本テレビ『news every.』の特集では、二〇一五年の同番組への出演が「語る」ことを決意したきっかけだったと紹介している。『ヒロシマ』以降もなかなか「語り」に踏み出せなかったのだ。

「語り部」ではない人の発話行為の力は、むしろこうした躊躇や、用意されていない言葉を口に出してしまうことの、不安定さから来るものに依存する意味合いが大きい。そのことを印象づけた番組が二〇〇六年八月十三日放送のＮＨＫスペシャル『日中戦争～なぜ戦争は拡大したのか～』である。番組は、その年の三月に公開された「蔣介石の日記」に、陸上自衛隊に保管されていた「松井石根《いわね》の日記」を対置させ、その「ずれ」の中に「南京攻略」に突き進む日本軍の誤った状況認識を浮かび上がらせようとする。それを受けるかたちで後半は、日中双方で行われた「証言」取材がクローズアップされるが、中でも「南京攻略」に参加した元歩兵第七連隊兵士、小西與三松《よさまつ》（当時九十二歳）と鍋島作二（当時九十一歳）の言葉は強いインパクトを持った。特に鍋島は「虐殺の事実」とそれに自分も加担したことを告白したあとのシーンで、少し笑い顔を浮かべながらほっとしたように言う。

「あまり口にしたことのないことを、置き土産のようにして口にして、なんだろう、すっきりしたような、申し訳ないような。なんか変な気持ちになるんですね。戦争の話は、最後までみんな口を噤んでしまうのは、いかんでしょうね」

『ナガサキの郵便配達』

河内光子と同じように被爆を記録した「写真」の当人として注目され、そこから「語り部」を代表する存在となった人がいる――「ナガサキの『赤い背中』の少年」谷口稜曄である。彼の赤く爛《ただ》れた背中の写真は、長崎の原爆資料館を訪れた人だったら誰もが目に焼きつけてしまう、「原爆被害」を象徴する展示の一つである。彼は後年のスピーチで言う。

「私はモルモットではない。もちろん見せ物ではない。だが、私の姿を見てしまったあなたたちは、どうか目をそらさないで、もう一度よく見てほしい」

（「国際平和地球会議」スピーチ、二〇一五年）

同じ「被写体」から飛び出した当事者でありながら、河内と決定的に異なるこの強さはどこから来るのだろうか。死線をさまよい、うつぶせの「同じ姿勢」に苦しんだ一年九カ月の治療。大村海軍病院や、復職後治療に通った長崎大学病院での山口仙二《せんじ》との出会いが、谷口のその後の人生に大きな影響を与えた（長崎新聞連載「ナガサキの被爆者たち 谷口稜曄の生き方」二〇一三年三月）。一九五六年、二十七歳の谷口は山口が発足させた「長崎原爆青年乙女の会」に参加。日本原水爆被害者団体協議会（被団協）の設立などの被爆者による「運動」に、二人三脚で力を注ぐようになっていく。

谷口の「背中」の写真が初めて報道されたのが、一九七〇年。海兵隊員ジョー・オダネルが撮影した長崎の被爆直後の写真群の中の一枚だった。谷口自身が初めてテレビカメラの前に立ったのは一九七四年八月九日の平和祈念式典。彼は被爆者代表として「平和への誓い」を読んだ。しかしメディアが「彼こそが赤い背中の少年である」ことに注目するようになったのは十年後、イギリスで彼を主人公としたノンフィクション、ピーター・タウンゼント『ナガサキの郵便配達』が出版されてからである（翻訳は一九八五年刊）。

ピーター・タウンゼントは、マーガレット王女との恋愛秘話でも知られる元英国空軍大佐で侍従武官のジャーナリスト。このような有名作家が、一九七八年に長崎を訪問した際に、縁あってこの町の被爆の物語を書こうと思い立つ。そして一九八二年、本格的な調査を開始。「走り回って貴重な証言を集め」、ようやくたどり着いたのが、谷口稜曄と栄子夫妻であった。タウンゼントが谷口に出会い、この本が出来上がった過程は、あとがきに列挙された沢山の謝辞の宛名を辿るだけで十分想像することができる。

谷口にとっても、タウンゼントとの出会いは決定的だった。聞き書きを軸にしたものではあったが、被爆者谷口稜曄の個人史を主旋律としつつも、背景にしっかり現代史を記述する。盧溝橋事件に始まる「アジア・太平洋戦争」の開戦から戦後の反核運動の萌芽までを辿るノンフィクションの傑作である。日本で出版された一九八五年の八月九日、谷口はNHKのニュースワイドに出演、高校の国語の教科書にも抜粋が掲載されるまでになったが、しかしなぜかこの後しばらく、谷口も『ナガサキの郵便配達』も忘れられた存在になってしまう。

『赤い背中』——二〇〇五年八月九日

したがって、谷口稜曄と一般の多くのテレビ視聴者の出会いは、戦後六十年（二〇〇五年）の八月九日のNHKスペシャル『赤い背中』を通じてということになるだろう。もちろんこの間も谷口は「被爆者の代表」の立場で、「語り部」としての活動を続けていた。先の二〇一五年のスピーチのもととなった文章は、一九九五年に書かれた「被爆五十周年・私の遺言」である。この二十年で谷口の「語り」のかたちが作り上げられ、固まっていったと言えよう。そして『赤い背中』放送の同日、「『ナガサキの郵便配達』を復刊する会」によって、この本の復刊も実現する。そして「被爆五十周年・私の遺言」の一文も、その復刊された本の巻末に「戦後六十年の今」という「あとがき」として再掲される。

実際『赤い背中』は、『ナガサキの郵便配達』のテレビ版といえよう（番組でも、自らの被爆体験を語るようになったきっかけを説明するシーンで、「赤い背中」の写真とともに一瞬この本が映る）——但し、タウンゼントが巧みに個人的記憶と第三者的な歴史叙述を編んだのとは異なる「テレビ的」な方法がそこでは用いられた。この番組はアルヴァックスが言うところの「集合的記憶」を生み出す場、仕掛けとして制作されたのだ。

『赤い背中』は番組冒頭、いきなり長崎原爆資料館の「赤い背中」の写真のアップから入る。そのショッキングなイメージに戸惑うだろう視聴者の眼に、二〇〇五年の「いま」の谷口の姿がオーバーラップし、「癒えることのない傷と、原爆の悪夢。赤い背中の少年、谷口さんが辿った戦後六十年を見つめます」というナレーションが入りタイトル『赤い背中』が映し出される。そこから物語は八つのブロックを重ね、構造的に展開していく。

（一）二〇〇五年の谷口夫妻の日常――体重のキープと薬を患部に塗る毎日。
（二）十六歳の谷口少年（郵便配達員）が被爆し、想像を絶する闘病生活から復職するまでのエピソードを、資料映像を交えて紹介する。
（三）長崎原爆病院での診察シーンを軸に、谷口の治癒しない後遺症との闘いを描く。
（四）修学旅行生や被爆者団体の会合で「語る」谷口――ここで『ナガサキの郵便配達』が映る。そして学校での講演シーン。
（五）妻栄子の言葉を中心に、結婚にいたる物語を描く。患部に薬を塗るシーンから夫婦の信頼関係を映し出す。
（六）被団協で渡米が決まり、身体の不安を押してニューヨークへ。
（七）ＮＰＴ（核拡散防止条約）国際会議参加の様子。
（八）帰国後の谷口。不安定な体調、家族の団らん、そして妻は今日も薬を塗る。

エンディングのナレーションは「谷口さんはその一人として、これからも赤い背中の物語を語り続けます。今日もまた谷口さんの背中に、妻の栄子さんが薬を塗ります。この六十年間、原爆がもたらした苦しみを必死に背負ってきた、谷口さんの背中に……」である。

谷口稜曄の身体と言葉

この番組は、取材と資料映像で組み立てた各ブロックを谷口の言葉でつなぎ、物語全体の「入り」と「出」のパターンを揃え、前半の「過去」に後半の「現在と未来」を対称づけ、中心にキーメッセージを持ってくる、NHKのドキュメンタリーによく見られる構成でつくられている。その軸となる言葉が「私は見世物じゃない」である。

谷口稜曄のメッセージは、それこそが「語り部」の仕事だと言わんばかりにぶれない。『赤い背中』以降、彼を主人公に据えた番組はしばらくつくられないが、その間、映画には何度か出演している。スティーヴン・オカザキ監督『ヒロシマナガサキ』（二〇〇七年）、坂口香津美監督『夏の祈り』（二〇一二年）――多くの被爆者の一人として参加したこれらの作品の中でも、谷口稜曄は目立つ存在である。さらにWebでのメッセージの発信にも取り組む。元長崎放送ラジオ『被爆を語る』の企画者・伊藤明彦によるYouTubeシリーズ『被爆者の声』の一つとして、二〇一〇年には約四十分の単独インタビューが公開されている。

しかしなかなか「核廃絶」に向かう国際世論は動かない。『赤い背中』の後半、帰国後のシーンでも谷口は「アメリカが崩してしまうさ、今までの約束も」と吐き捨てるような言葉を残すが、それでも粘り強く、病める身体でNPT再検討会議の出席のために渡米（二〇一〇年、二〇一五年）。二〇一五年夏にはその様子を追う番組が制作された。『テレメンタリー「シリーズ戦後

NPT会議で演説する谷口稜曄（2010年、朝日新聞社提供）

七十年 爆心地から世界へ」』――十年ぶりの「八月九日」放送枠である。NHKも九月十二日にETV特集『原爆にさわる 被爆をつなぐ～長崎 戦後七十年を生きる被爆二世～』を放送。この番組でも同年のNPT会議出席シーンは映し出されるが、そこではいつもの彼の「落胆と怒り」ではなく、被爆二世たちがいかにその記憶を継承するかに主題が移り、谷口は彼らに囲まれる存在として描かれる。

『爆心地から世界へ』の中盤でも、妻栄子が谷口の患部に薬を塗る様子が映される（二〇一〇年七月撮影）。特に深い傷跡が残る胸部がアップとなり「心臓が動いて見える」とのナレーションが添えられた、かなりショッキングなシーンである。しかし『原爆にさわる』の二〇一五年の映像には、妻の姿はない（翌一六年四月に逝去）。そして谷口はその患部を「被爆二世の会」のメンバーに触らせる。最後のNPT会議参加となった一五年四月には、ホテルでボランティアが薬を塗るシーンが撮影されている。

谷口稜曄の「言葉」の強さは、その逃れようのない唯一無二の「身体」に支えられている。しかしそれにも限りがある。二〇一七年八月三十日、「赤い背中の少年」は八十八歳でがんのためにこの世を去った。その少し前の七月六日、翌日に核兵器禁止条約の採択を控えたこの日、谷口は病室で条約に日本が反対票を投じたことを批判するビデオメッセージを収録している。映像はYouTubeにアップされ、それが彼の最後の訴えとなった。「どうか目をそらさないで」という彼の言葉は残った。だが視線を向けるべき、その彼の肉体は残念ながら既にない。

近藤一の二つの戦場

被爆を語ることを躊躇《ためら》っていた河内光子に、対照的な存在として谷口稜曄を重ねてみた。ところで、きっと同じように鍋島作二と比較しうる「語り部」もいるだろう。それは誰だろうか。そう思ったときに三重県桑名市出身の元兵士、近藤一《はじめ》の姿が思い浮かんだ。戦後六十年を挟んで、その近藤の言葉を「聞き取り」、構成した書籍が二つ刊行されている。内海愛子・石田米子・加藤修弘編『ある日本兵の二つの戦場――近藤一の終わらない戦争』(二〇〇五年)と、青木茂『日本軍兵士・近藤一　忘れえぬ戦争を生きる』(二〇〇六年)である。いずれも当時近藤が盛んに行っていた「語り部」活動がきっかけになっている。

こうした元兵士の前線での経験は、戦後しばらくの間はなかなか語られず、戦後六十年を過ぎてから、鍋島と同様に、メディアの働きかけなどを契機に表に出るようになったものが多い。しかし近藤はそれらとは異なり、一九八〇年代から活動を始めていた。きっかけは所謂「教科書問題」だった。特に沖縄戦における日本軍の「住民虐殺」や「集団自決強要・壕からの追い出し」

の項目削除が問題になるにつれ、実際に従軍して体験したことと記述とのギャップにもどかしさを覚えた。自分たちは「沖縄戦で捨て石にされ、捨てられた兵隊」である——虫けらのように死んでいった戦友の姿が脳裏に焼きついていた近藤にとって、それを加害者イメージで語られることは、自分の記憶とは「違う」と思った。

しかし一方で近藤には、沖縄に赴く前の、四年間の中国山西省での経験があった。沖縄の記憶を語る中で、本来自分が語るべきはそれだけではないという気持ちが高まっていった——「もう人間とはいえないことをやっていた」。近藤はやがて沖縄で現地の戦争体験者との交流を持つようになる。その中で、彼がはじめに語っていた「無残な死に方をした日本軍兵士」のストーリーに、少しずつ修正が加わっていくようになった。

この頃から沖縄と中国の「二つの戦場」を語る近藤の存在が、メディアの目に留まるようになる。琉球新報一九九一年一月二十九日に、「旧日本軍兵士が語る沖縄戦〈下〉」という、近藤の沖縄訪問に関する記事がある。訪問先は大城盛俊——元沖縄県知事・大田昌秀が琉球大教員当時に著した『これが沖縄戦だ』（一九七七年）の表紙の子どもの写真が自分であると名乗り出た人物だ。記事には、当時の近藤の素朴な偏見がそのまま活字になり、批難も含む反響があった。

近藤がおそらく初めて本格的にテレビカメラの前で思いを語った番組は、一九九五年六月に放送されたＮＨＫスペシャル『沖縄 二十三万人の碑《いしぶみ》〜戦後五十年目の祈り〜』であろう。沖縄戦終焉の地・摩文仁の丘を望む「平和の礎《いしじ》」の除幕を機に制作されたこのドキュメンタリーは、日本軍、米軍、沖縄住民、朝鮮半島出身者を区別なく慰霊するというその理念をテーマに、立場の異なる様々な沖縄戦経験者や遺族を取材する。近藤は「元日本兵」を代表する一人として言葉を発する。近藤はここで「生き残った負い目」を口にし、それとともに「平和の礎」に対する複雑な気持ち――仲間が「犬死に」ではないとの確信を得たいが、一方で戦争犠牲者を神聖化してしまうことを恐れる思いを語る。

近藤の「語り」には、常にこうした加害と被害の間の「割り切れなさ」がある。そして、近藤自身も、また近藤に向けられる周囲の関心も、「沖縄」とその体験の源流である「大陸」とのつながりを明らかにすることへと、次第に活動の軸足を移していく。

木霊する「なぜ」の問い

近藤一が、自身が体験した「二つの戦場」の関係をテレビカメラの前で語ったのは二〇一一年十二月十日のBSプレミアム『証言記録 兵士たちの戦争「中国華北 占領地の治安戦～独立混成第四旅団～」』である（この『証言記録』の取材映像の一部は、同三日のNHKスペシャル『日本人の戦争 第一回 アジア 民衆に包囲された戦場』にも用いられている）。近藤のシーンは、一九九五年の『沖縄 二十三万人の碑』と同様、仏壇に向かい戦友たちに祈りを捧げるところから始まる。しかしそこから先が大きくコンテクストが変わる。二〇〇五―〇六年に出版された二冊の本が、近藤の「語り」の揺らぎを「固める」役割を果たしたことがよくわかる。

NHKのサイト「戦争証言アーカイブス」で、全編視聴可能となっているこの番組は、同じ「独立混成第四旅団」に属していた元兵士たちの多くの証言に、写真・映像、文献資料や地図CGを交えて構成されている。しかし谷口稜曄の『赤い背中』と異なり、一つの物語としての文脈は明確ではなく、全四十三分の番組を九つのブロックに分けて見ると、複数の人物の「証言」が、「断片」のまま並べられていることがわかる。

（一）　沖縄と中国、二つの戦場の記憶
（二）　八路軍の根拠地・山西省
（三）　治安維持という困難な任務
（四）　百団大戦～刺突訓練～
（五）　燼滅《じんめつ》作戦～軍民雑居の戦場～
（六）　軍紀の崩壊
（七）　山西省のその後
（八）　沖縄戦
（九）　なぜ語るのか？　（https://www.nhk.or.jp/archives/shogenarchives/）

なるほど各証言は、もともとは一つひとつ独立した「語り」だったものだ（各「証言者」の映像ファイルにもリンクしている）。しかし同部隊だから同じことがらについて語る部分は当然あり、見る者の理解が進むとともに「証言」は束ねられていく。だが必ずしも結論に誘導する編集の力は強くなく、番組自体を素材映像の塊として、任意に読めるように工夫されている。Ｗｅｂを介して視聴する際のデザイン・画面レイアウトも極めてアーカイブ的である。

高校生に講演する近藤一（2011年、朝日新聞社提供）

近藤一は、第一と第九チャプターに登場し、番組全体のナビゲート役を担うとともに、一証言者としても第四、五、八チャプターに配されている。近藤が二冊の本でも語った、大陸での衝撃的な体験――刺突訓練、燼滅作戦、そして拷問、略奪、放火、強姦といった非人間的な兵士たちの振舞いは、近藤以外の複数の証言映像と重なることによって、「事実性」を帯びていく。またその反面、その出来事に対する一人の兵士としての心の動きの描写は後退していく。

近藤は、その「内容」よりもむしろ、彼の「語る姿」に読むべき意味をたくさん纏っている点において、他の「証言者」との違いが際立っている。彼が最初と最後のチャプターに起用された理由は何かと問われれば、それは彼の感情の動きを映像がしっかり捕えたからである。近藤は沖縄で失った友の名を呼んでは泣く。一方、中国戦線での非人間的な行為については、全否定しつつ「薄笑い」に似た表情を浮かべる。そして最後に言う。

「生き残った負い目がありますから」「なぜ生き残ったか」「中国で色々やって、沖縄でもひどい目にあって」「自分が死んだら軍服を棺の上にかぶせて焼いてくれ」

「なぜ」という問い。そして「戦争そのもの」に対する明確な憎しみの感情。これこそが近藤一をして、単なる「証言者」に止まらず「語り部」たらしめたものだったのではなかったか。答えの出ない問いに向き合い続ける。だから同じ「言葉」を様々な人に向かって発し続けるという人生を、選択せざるを得なかったのだ。

我々は、この『証言記録 兵士たちの戦争』で語る近藤の姿に、テレビ番組とアーカイブ的な映像資料の間のギリギリの境界を見出さずにはいられない。「語り部」の思いの強さに圧倒されずに、「資料として」冷静な眼差しを向けることが可能であるのは、加工や演出を極限まで抑え、言葉や表情をそのまま受け取れるような扱いがなされているからだ。しかし書籍にはあった「蓑おどり」「裸の女性との行軍」といった虐待的な兵士たちの振舞いは、この番組では描かれない。強姦や虐殺に関わる証言については、テロップをわざわざつけないなどの配慮がそれでも随所に見て取れる。そこがテレビの限界なのである。

消えていく証言

近藤一は、『証言記録 兵士たちの戦争』が放送される少し前の二〇一一年十月に『ラジオ深夜便』に出演し、その後ローカル局にも二度取材されている。毎日放送『映像'14 なぜ私は語り続けるのか〜九十四歳・ある日本兵の戦場〜』（二〇一四年七月）、山口放送『記憶の澱《おり》』（二〇一七年五月：日本放送文化大賞グランプリ）――映像を見ると、近藤は『証言記録 兵士たちの戦争』から踏み込んで、二〇〇五年の書籍と重なる内容をテレビの中で随分話すようになっている。しかし年老いた彼の言葉は枯れてゆき、「負い目」「後悔」といった感情が一層露わになっていくようにも映る。山口放送の取材時で既に九十七歳。運命は残酷である。

ところで、私と近藤との距離が近づいたのは最近のことである。二〇一八年八月、以前、ある学会で出会った若手アートコーディネーター・坂田太郎から突然メールをもらった。「あるビデオ・アーチストと〝戦争体験者の語り〟を素材とした〝作品〟づくりを進めている、ついては相談に乗ってほしい」とのことであった。私は拙い自分の研究上の経験を話した。アーチスト＝小泉明郎《めいろう》が、それまで十年に亘り、第二次大戦の歴史、記憶、証言、を題材にした作品づくりをし続けて来たという経歴も知らずに、一回り以上年下の小泉に、私は限られた経験から思うところを得々と話してしまった。

二〇一八年十二月二十三日、坂田から久々にメールをもらう。その月の頭にようやく「戦争体験者」の取材を終え、作品づくりの佳境に入っているとのこと。そしてそのメールに記された取材対象者の名前を見て、「あっ」と思った――三重県桑名市在住、近藤一・九十八歳。私は、小泉の作品が出品されるアートイベント「シャルジャ・ビエンナーレ（アラブ首長国連邦）」の準備が落ち着いた頃（二〇一九年二月）、坂田と小泉に会いたい旨、申し出た。そして四月末、京都で二人と話す時間が持てた。三人の話は、もっぱら特別な「語り部」である近藤一についてであった。小泉は早速、前年末に収録した彼の姿を見せてくれた――ショックだった。あれだけ能弁だった近藤は、既にほとんど聞き取れる言葉を発することができなかった。それでも小泉の丁寧な質問に大きく身振りをし、涙を流した。

言葉は失われる。しかし感情は最後まで消えない。映像を見た私は、小泉と坂田に「僕たちは、大切な記憶が消えていく時間を、いま体験してるんだね」と言った。二〇一七年の夏に谷口稜曄が亡くなったと聞いたときに似た、心に穴が開いたような感覚だった。二〇一九年の春、語るべき言葉を失った近藤一は、残された記憶の中で、沖縄のことよりも、非人間的な行為に及んだ中国山西省の記憶にうなされ続けているのだと聞いた。

思えば、二〇〇五年にメディアに登場した「語り部」や「証言者」の多くが鬼籍に入った。『ヒロシマ』の御幸橋の少女・河内光子も、被爆者に寄り添い続けた医師・肥田舜太郎も、二〇一七年から一八年にかけて亡くなっている。『ヒロシマ』の最終章でハロルド・アグニューに怒りをもって迫った広電の運転士・藤井照子も、既にこの世にいないと人づてに聞いた。アグニューもまた、二〇一三年にアメリカで亡くなっている。

我々戦後世代は、このように壮絶な体験をした人々が次々去る中で、彼らが我々に何を求めてきたのか考えたことがあっただろうか。その記憶を感性の力で受けとめ、かつ同時に理性的に問いに答える、両方を訴えてきたのだということを。しかもそれは、実際に経験した彼らをしてすら核心に迫ること、その全貌を捉えることができなかった、重い、重い課題であるということを。

様々なメディアに記録された谷口稜曄、近藤一ら、「語り部」たちの姿は、実は彼らがずっと「終わらない戦争」の中で生きてきたのだということを表現している。その心情は、周囲の環境が変わる中で、十分に受け止められることも、理解されることもない、極めて孤独な状態に置かれていたのだろう。それは彼らの表情から十分に想像できる。だからこそ彼らは繰り返し言葉を発し続け、自分の経験を他者がどう引き受けるかを突き止めようとした。つまりその言葉に呼応できる、「共に生きることができる」仲間を探していたのだ。

小泉明郎が近藤一へのインタビューを申し出たとき、しばしばうなされている様子を知る入所施設の介護士は難色を示したという。しかし長年、近藤を支え続けた娘は、むしろそれが近藤の言葉の喪失を少しでも留めるきっかけになるのではないかと思い、インタビューが実現した。谷口稜曄は、毎日患部に薬を塗り続ける妻と二人三脚で生き続けた。妻にできなくなったあと、それは「被爆二世の会」に委ねられた――「戦争」に関する様々な記憶が、「個人」の心の中に膿のようにため込まれ、うずきに耐えられず放出されるだけだとしたなら、あまりに悲しい。それはある種の共同体の中で、相互に時間をかけて解釈しあう関係性の中で、癒しや赦しにたどり着くべきものなのではないだろうか――それこそが、モーリス・アルヴァックスが「集合的記憶」として説こうとしたものだったのではないか。

今一度『平和アーカイブス』の、修学旅行生の困惑した表情を思い出す。確かに、バラク・オバマが発した「人類」レベルでの協調という提案は美しく、正しい。しかし、だからこそ一足飛びに「そこ」に到達してしまうと、見過ごすものも大きくなるのだ。抽象的で大きな理念は、実際に「戦争」によって直面するかもしれない「死を恐れる」等身大の人間が持ちうる視野を捨象してしまう。これまでの「戦争の語り」について、「送り手」が抱え込んだ問題は、この結論の先取り、経験から理想へのショートカットにあった。

我々「受け手」に必要なのは「戦争は忌まわしい」という正しい解答ではない。それはとっくにわかっている。なぜそうなのか、それがわかっていてどうして我々はこの七十五年、戦争の歴史を受け止めることが出来ずに来たのか――彼らの言葉から、その問いを深めていくことが必要なのだ。しかし、それは七十五年もの時間をかけてなおできなかった。「語り（記憶）」の時代から「アーカイブ（記録）」の時代への転換期に、我々がすべきことは、まずその失敗、ボタンの掛け違いの出発点に立つことなのである。

第二章　「戦争を知らない子供たち」について考える

一　一九七〇年代とコミュニケーションの「断絶」

「なぜ」と「だから」の間

戦後七十五年。かつてそれを体験した人々は「あの戦争の実相」を様々な言葉で、そしてメディアを通じて「伝えよう」とし続けてきた。しかし、その多く場面で人々は、「だから戦争はいけない」という結論に飛びついた。今日のネット社会を見回すと、こうした紋切り型のメッセージに息苦しさを訴える新しい時代の人々が、少なからず目に入ってくる。しかし彼らが反射的に示す拒否の姿勢も、基本的にはマスメディア時代に浸透した受け身の態度と変わらない。

一九四五年以降に生まれた世代にとって「戦争」のイメージは、方法はさておき学ぶべき対象として出会うものである。そしてそれが圧倒的な情報量で迫ってくる季節が「八月」だ。その中でも特別なトピックが「原爆」だろう。数多の「戦争の記憶」の中でも、唯一無二の理不尽な出来事であり、それが「八月十五日」と時間的に重なり、「戦争終結」のシナリオを支えている以上、ある程度やむを得ない。事実、今もなお八月前半のテレビにおいて「原爆」は、戦争番組のラインナップの四番バッターである。

しかも「原爆」は、一般市民が「戦争がもたらす夥《おびただ》しい死」を、激しい衝撃をもって知る機会となる。それは、当時を生き延びた人々が口にする「罪のない人々が、一瞬にして」という言葉とともに、現代の日常生活に強く訴えかける力を持つ——しかしここに落とし穴がある。「罪のない人」とは誰なのか。本当に悲劇は「一瞬にして」やって来たのか——我々はその問いに本当に答えられるのか。しかも凄惨さに触れ、恐怖に揺さぶられた感性の次元から、理性で対象を捉えるステージに認識を切り替えるのは容易ではない。

「なぜこんな悲惨なことが……」は、「夥しい死」に向ける問いの一歩目にある——と同時に、極めて厄介な言葉でもある。何しろ体験者たる語り手自身が、誰よりもその「答え」を求めているからだ。そこに体験も知識もない聞き手、すなわち戦後世代がすぐに言葉を返せるわけがない。期待にそぐわぬ答えを返せば、叱責されるならまだしも、「平和な時代に生まれてよかったね」（あるいは「感謝しなさい」）と突き放されるのがオチだ。「だから戦争はいけない」という結論は、そうした言葉のキャッチボールでのエラーを回避させてくれる「正しい答え」なのである。

「なぜ」から「だから」への、このショートカットのおかげで、我々は様々な場面で、語り手と聞き手の関係に予め仕込まれた非対称性に目を瞑《つむ》って、互いに頷きあい、「わかり合うポーズ」を演じることができた。「戦争」についてもその姿勢をとることで、なんとか「とりあえずの平和」というゴールを共有することができたのだ。言い換えれば「だから戦争はいけない」への短絡は、戦火が収まっただけのボロボロの環境の中で、前を向くための知恵だったのだ。但しこの約束ごとは、まだ体験者と戦後世代の距離が近かった時代だけに有効な、符牒のようなものだったのかもしれない。

コミュニケーション成立の条件

まもなく到来する「語り手なき時代」には、間違いなくこの符牒は無効になるだろう。そしてこの環境変化は、その符牒が実際は「戦争」から目を背けることを許し、「戦争を考える」ことを棚上げにしてきた「戦後」という歴史をもきっと忘れさせてしまう。

二十世紀の言語学の発展に決定的な影響を与えたロマン・ヤコブソンは、コミュニケーションが成り立つには六つの構成要素が必要であると言う。まずそこに「送り手（語り手）」と「受け手（聞き手）」が存在し、その間に「メッセージ」が、何らかの記号のかたまりとして発せられる。しかしこの三つだけではそれが意味するものは「伝わらない」——その記号が指し示す対象

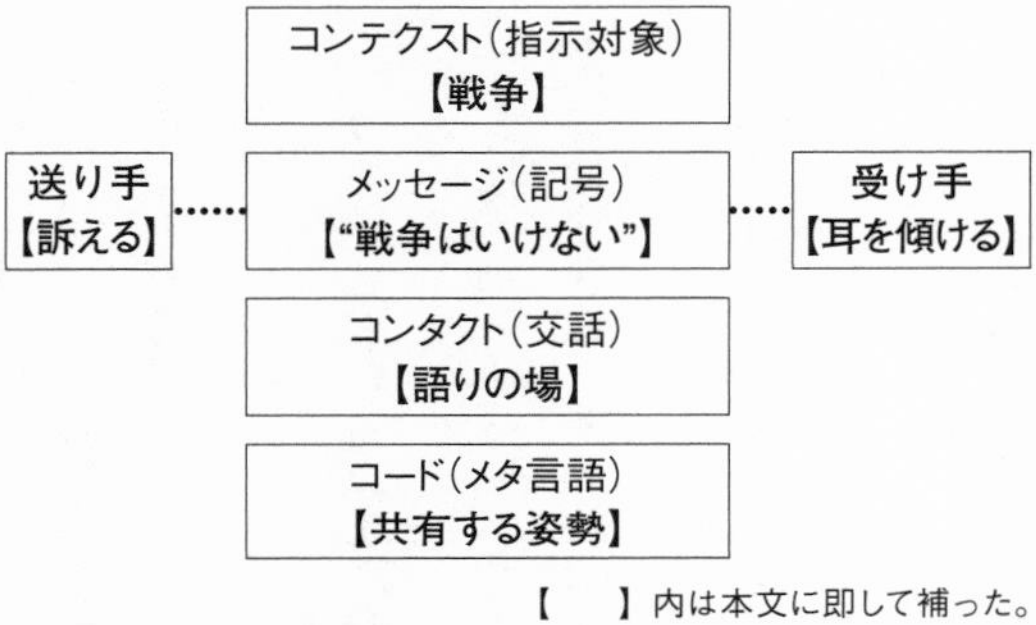

コミュニケーションを成立させる6機能式
（出典：ヤコブソン『言語とメタ言語』）

（ヤコブソンは「コンテクスト」と呼んだ）と、それを共に同じ次元で理解しあうための「コード」がなくてはならない。そしてそもそも、語る人と聞く人が出会う「コンタクト（接触）」の場がなければ、「メッセージ」を運ぶことはできない。

　この「ヤコブソンの六機能式」を参考に考えると、「なぜ、こんな悲惨なことが……」という問いが、「だから戦争はいけない」の結論にショートカットしていった理由がわかる。それぐらい「コンテクスト」「コード」「コンタクト」を揃えるのが、困難なのだ。そもそも体験に基づく語りは、まずはそこに指示すべき対象（コンテクスト）がない苦しみに直面する。それをなんとか示せたとして、「聞き手」に「メッセージ」を受けとる姿勢を作らせる（ヤコブソンは「働きかけ機能」と言った）のが難しい。そこまで整えても「聞き手」がそれを解釈し、「語り手」と共有できるかはわからない。そこで「メッセージ」の中に直接「コード」を入れ込んだ――それが「だから戦争はいけない」なのである。

　メディアは――とりわけ「語り手」の存在を映し出すテレビは、この六つの構成要素をバーチャルに構成する装置としての役割を担ってきた。それが成功していたか、あるいは意図して成功を演じてきたかは別にして、それによって我々の「戦後」生活の時空間が支えられてきたことは確かだろう。そう思って振り返るならば、戦後六十年以降の戦争番組の大量生産と、そこから十五年の紆余曲折は、そうした社会環境の変質の反映であったとも言える。

故に、テレビというメディアの誕生と「戦後」の因果関係については、押さえておく必要があろう。日本でテレビ放送が始まった一九五三年の前年に、講和条約が発効しているという事実。そしてその使命が記された放送法（一九五〇年制定）の目的（「表現の自由」「健全な民主主義の発達に資するようにすること」）を読めば、テレビがなぜ「戦争」を特別視し続けてきたかがわかるからだ。子どもならば「学ぶべき対象」との出会いは、学校によって保障される。しかし「大人」はどうか。それをどこかで必ず学ばねばならないとしたら――「テレビ」はその要件を備えたシステムとして、うってつけの存在だったのである。

NHKドキュメンタリーの系譜

なぜならテレビには、コミュニケーションに至る前提を作り出す機能があるからだ。それは自身や他者を認識する「鏡」としての働きである。今日のすっかり力が衰えたこのメディアにおいても――いや、むしろそれだからこそ、番組制作者たちは意識しているか否かは別として人間の

「顔」や「表情」を追いかけ、視聴者は自身に似ている人を画面の中に探し続けている。ヤコブソン流に言えば、これこそがコミュニケーションの出発点を為す「コンタクト」である。

今日の「戦争番組」――特にNHKでそれが放送され続けることを可能にする「枠」を担ってきたのが、『NHKスペシャル』である。一般には「ドキュメンタリー」枠と認識されているが、一九八九年以来、実はジャンルにはこだわらず、様々な手法を用いて社会的な問題を提起してきた「大型企画開発センター」の実験場であった。見方を変えればここで「みなさまのNHK的(公共放送的)」な独特の話法が構築されてきた、他局にはない独特なプログラムである。

とはいえ、その歴史はNHKのドキュメンタリーの系譜において語れることもまた確かである。『NHKスペシャル』の前身、『NHK特集』(一九七六―八九年)の時代は、まだその多くが単発のドキュメンタリーだった。よく知られているようにNHKのドキュメンタリーの源流は『日本の素顔』(一九五七―六四年)にあり、それが『現代の映像』『ある人生』(一九六四―七一年)の二つのシリーズに分かれ、その後その名も『ドキュメンタリー』(一九七一―七八年)というシリーズを経て、現在の特集・スペシャル枠に流れ込むとされている。当然「戦争」も、それぞれの枠の中で数多く扱われてきた。

しかしこの歴史をざっと追うだけでも、バトンがスムーズに渡っていないことに気づくことができる。『日本の素顔』は、なぜ『現代の映像』と『ある人生』に分かれたのだろう。しかも『ドキュメンタリー』と『NHK特集』には、重複して制作された時期がある。組織の問題もあろうが、差し当たってこの問いには、ラジオドキュメンタリーの『街頭録音』を原点に、時代の「あるがまま」を切り取り電波に乗せようとした『日本の素顔』の「何を〝素顔〟と捉えるか」という方向性が、二つに分岐したのだとの説明を返すことができる。

実際に、出来事や群衆にカメラを向ける『現代の映像』は、純粋に社会を知るための「窓」としての機能を強調したのに対し、特定の人物の日常に寄る『ある人生』は、まさに「鏡」として、見る者の内省に訴えるつくりになっている。但しそれも当初から明確に役割が分かれたわけではない。『現代の映像』の七年の放送の間にも、「ある」という連体詞を用いた番組タイトルは十五回を数える（『籠城～ある倒産の記録～』〔一九六四年五月十七日〕、『ある開拓写真展』〔一九七〇年六月十九日〕など）。「ある」は英語の〝certain〟に対応し，対象の特定性を弱める力をもつ。それは裏返せば、視聴者に被写体へのシンパシーを喚起し、被写体も同じ共同体の一員であるというアイデンティティを意識させる。重なり合いの期間も含めて考えれば、このシリーズの分岐には、「テレビは社会にどのような視線を向けるべきか」という問いの分かれ目が反映していると見ることもできよう。

NHKのドキュメンタリー番組の系譜

1957－64年	『日本の素顔』	①
1964－71年	『現代の映像』	②a
	『ある人生』	②b
1970－75年	『70年代われらの世界』	
1971－78年	『ドキュメンタリー』	③a
1971－72年	『人間列島』	③b
1976－89年	『NHK特集』	④
1989－現在	『NHKスペシャル』	⑤

丸数字は継承の順序を、英字は系統の分岐とそれぞれの継承を示す。

『ある人生』の終わり

一方で、一九六四年十一月一日のシリーズ第一作『良寛先生』に始まる『ある人生』は七年間、一貫したコンセプトのもとに制作され続けてきた。桜井均によれば、それは当時のデスクであった小倉一郎の狙いに従って、「戦争中に青壮年期ないしは中年期に達していた」人々が「戦争体験をどのように内面化していたのか」を描くことであった（『「ある人生」の彼方へ』二〇一七年）。その中には当然、前線からの生還者もいれば、空襲や原爆の経験者もいる。他に、銃後の守りに勤しんでいた人、遺族の立場にある人など、戦争への距離は様々ではあるが、等しくあの時代を「生き延びた」人々であることは確かだ。

しかし、このドキュメンタリーの核心は、必ずしも登場人物たちの戦時経験そのものにはない。中には直接的にそれを語る人もいるが、カメラが捉えようとしたものは、あくまで被写体の「いま」なのである。「いま」を表現するためには、そこに至るプロセスの描写を避けることはできない。『耳鳴り』（一九六五年四月二十五日）のように、被爆者として生きる主人公（原爆歌人・正田篠枝《しょうだしのえ》）を通して、至近距離で「戦争」を描くものもあれば、その言及を避ける場合もある。だが、いずれにおいても主人公たちが「戦争」によって運命を動かされた人々であることは間違いない。

このように、その時代の「いま」に生きる人々の言葉や所作の向こうに透けて見える「戦争」

の残像が、『ある人生』全作を支えてきた。今日の所謂「ドキュメンタリー」によくみられる説明過多なトーンは一切なく、カメラは多くの隠喩を捉え、詩的ですらある。ヒューマン・ドキュメンタリーの嚆矢《こうし》ともいわれるが、今日の密着型のそれとは明らかに異なり、カメラと被写体との距離が空いているのが特徴で、そこに映り込む多くの記号（手掛かり）をもとに、視聴者が各々の「記憶」をたどり始める――それが『ある人生』の仕掛けであった。

しかし、こうした制作者と視聴者の「阿吽《あうん》の呼吸」が映像の解釈を支え続けるには、当然ながら限界がある。『ある人生』の最終回は一九七一年三月二十七日、タイトルは「遥なるモンテンルパ」。一九五二年、渡辺はま子が歌った『あゝモンテンルパの夜は更けて』の作詞者と作曲者だった二人の元死刑囚（ルソン島モンテンルパの刑務所に拘置）の帰国後の人生を追ったものだ。『ある人生』は、こうして戦争による心の傷跡を描き続け、後継の『人間列島』（一九七一年四月―七二年三月）にバトンを渡すが、この新シリーズはわずか一年で終了する。

『ある人生』と同時期に始まった『現代の映像』も、ほぼ同じタイミングで終了するが、後継のシリーズ『ドキュメンタリー』は一九七八年三月まで続き、前衛的な編集（『村の女は眠れない』〈一九七二年〉など）や調査報道（『埋もれた報告』〈一九七六年〉など）といった新たなドキュメント手法に挑戦しつつ、今日の『NHK特集』（枠そのものは一九七六年から）から『NHKスペシャル』への流れに連なる。『ある人生』『人生列島』を制作していたチームも一部『ドキュメンタリー』に合流し、ヒューマン・ドキュメンタリー路線の作品もこの枠でいくつか制作されるようになるが、『ある人生』的なコンセプトは次第に失われていく。

『七〇年代われらの世界』

『日本の素顔』を起点とした「窓」や「鏡」としてのテレビ・ドキュメンタリーの系譜とは別に、一九七〇年四月、全く新しい形式の番組が始まる。それが『七〇年代われらの世界』である。このシリーズは、「いま」を時代の転換点と考える未来志向の意識を軸に、スタジオを基点にした特殊効果を積極的に採用。衛星中継、有識者や視聴者の討論などが数多く取り入れられ、その後の『NHK特集』『NHKスペシャル』などの「大型企画」にも影響を与えた。

およそ月一回のペースで制作された『七〇年代われらの世界』。そこに描かれる「未来」は、それまでのこの国のテレビ・ドキュメンタリーとは異なる心性に基づくものであった。第一回のタイトル『若ものたちの道』そして第二回の『地球管理計画』——それらは明確に世代交代や、グローバリズムへの流れを意識していた。冨田勲作曲のテーマソング『青い地球は誰のもの』で始まるオープニング映像には、水平線に昇る大きな太陽を、また宇宙から見た地球を背に、飛び跳ね走り回る大勢の「子どもたち」が映し出されている。

それは「戦争を生き延びた」共通体験との決別を表していた。復興を成し遂げ、環境や経済の問題に直面する一九七〇年代の〝われらの世界〟の戦争は、「あの戦争」への回顧に閉じたものではない。そこでは『戦争・友好・そして…』（一九七〇年十月二十八日）、『平和への道標』（一九七二年八月十五日）といったタイトルのように、「現代の戦争と平和」が主題化され、泥沼化するベトナム戦争、そして安保闘争などが、新たな世代の共通体験として刻まれていく。

一方「あの戦争」を回顧するトーンにも変化が表れる。『ある人生』から『人間列島』、そして『ドキュメンタリー』に引き継がれた記憶も、経験者たちの年齢が上がっていくにつれ、「消失」や「断絶」にスポットが当たるようになる。『スガモプリズン解体』（一九七一年）『二十七年目の帰国〜在韓日本人妻〜』（一九七三年）というタイトルには、もともと直接的に言葉にすること自体が困難だった「あの戦争」が、次第に語られざる位置に追いやられていく状況が映されている。

『70年代われらの世界「にっぽん1970」』（NHK、1970年12月23日放送より）

それにしても、一九七〇年前後には時代の変化を印象づける様々な出来事が起こった。激化する成田闘争や水俣病などの公害問題によって、社会の様々な亀裂・分断の存在と闘争が強く印象づけられる一方で、「人類の進歩と調和」のスローガンのもとに大阪で万国博覧会が開催される。この「暗さ」と「明るさ」のコントラストによってメディアが描いた社会のイメージは、七〇年代を象徴する数々の出来事の間で人々のコミュニケーションが遮られていたことの反映であった。『七〇年代われらの世界』が対話の場面を強調していたのは、その現実の裏返しとも言える。

『戦争を知らない子供たち』

一九七〇年代の日本におけるフォークソングの市民権獲得は、こうした社会の分断を象徴する出来事だろう。それはもともと一九六〇年代、戦後のアメリカン・フォークの影響を受けた人々が、ピーター・ポール・アンド・マリー、ブラザーズ・フォアなどの楽曲を翻訳し歌ったことに始まる。しかし徐々に、黒人公民権運動やベトナム戦争へのプロテスト性の強い歌詞が、日本のシンガーたちにも伝播し、「批判的」メッセージが若者の心を捉え始める。関西の大学生・加藤和彦や北山修らの「ザ・フォーク・クルセダーズ」の人気はその象徴だった。

グループサウンズと違い、マスメディアとは距離をとり、アンダーグラウンドなステージを求めたフォークシンガーたちは、野外公演を積極的に仕掛け、草の根的な共感を志向していた。そうした動きの中で、一時代を画すイベントが開催される——それが一九六九年八月の「第一回全日本フォークジャンボリー」(中津川フォークジャンボリー)である。ちょうどその一週間後にアメリカではウッドストック・フェスティバルが開催される。主催者たちはそれを強く意識していたことだろう。

このとき「中津川」に集まったシンガーたちに共通しているのが生まれ年である。西岡たかし（五つの赤い風船）は一九四四年、岡林信康が一九四六年、高田渡が一九四九年。上条恒彦や高石ともやは若干年上だったが、ほぼ終戦前後五年間のうちに生まれている。回を重ねていくうちに、はしだのりひこや杉田二郎なども加わり、一九七一年夏の第三回では二万人を超えるオーディエンスを集める。はしだは一九四五年、杉田も一九四六年生まれ。「中津川」には参加していないが、盟友北山修は一九四六年、加藤和彦が一九四七年の早生まれである。

当初、メッセージ性の強い歌い手が中心だった「中津川」にも、ジャズ系やマスメディア系の人々（本田路津子《るつこ》、ガロなど）も参加し始め、結果的にこの第三回が最後の開催となる。フォークソングはもはやカウンターカルチャーではなくポピュラーカルチャーのメインストリームとして認識されるようになっていた——『戦争を知らない子供たち』（北山修作詞、杉田二郎作曲）は、そんな中で発売された（一九七一年二月）。当時のオリコンでは十一位、三十万枚のスマッシュヒットとなり、レコード大賞作詞賞を受賞した。

今では、中学校の音楽の時間などで歌われるくらい「教科書的」に解釈される歌詞だが、北山修の同名の著書（一九七一年）には、発売当初には相当な反発があったことが示唆されている。確かに自分たちを「戦争を知らない子供たち」と言い切り、平和を歌うことは冒険だ。但しその歌詞に、岡林信康や高田渡たちのような直接的な批判の言葉は用いられていない。むしろそこに、この世代の悩みを読むことができる。

伝統的規範からの決別

『戦争を知らない子供たち』の歌詞は、「戦争」の内容に一切触れない。

戦争が終って僕等は生まれた
戦争を知らずに僕等は育った
おとなになって歩きはじめる
平和の歌をくちずさみながら

終戦から四半世紀が経過し、戦後世代が次々に「成人」となっていく時期が到来していた。しかし、それなのに『ある人生』的にその経験に立ち止まり、聞き手の存在を意識しない言葉（モノローグ）の支配は続いている。そうした停滞の中でこの歌詞を歌うということは、単に「戦争」に対する態度表明に止まらず、上の世代が自明視してきた家父長的な規範から離脱する意志をも示していた。

若すぎるからと許されないなら
髪の毛が長いと許されないなら

今の私に残っているのは
涙をこらえて歌うことだけさ

「長い髪」は、この時代の「抵抗」のシンボルだった。翌年（一九七二年）に発売された吉田拓郎の『結婚しようよ』は、それをダイレクトに表現した──「僕の髪が肩までのびて／君と同じになったら／約束どおりまちの教会で結婚しようよ」──ここにはさりげなく「男女平等」「信教の自由」「地縁の否定」が歌われている。『戦争を知らない子供たち』は、そこまでストレートではないものの伝統的規範への違和感の表明であることは間違いない。

青空が好きで花びらが好きで
いつでも笑顔のすてきな人なら
誰でも一緒に歩いてゆこうよ
きれいな夕陽のかがやく小道を

北山は一方で「誰でも一緒に」と歌う。決して前の世代を突き放し、自分たちだけで新しい世界を作ろうと言っているわけではない。しかし条件がある──「いつでも笑顔のすてきな人なら」。まだ多くの戦争経験者が、自らの記憶を言葉にできず、立ち止まっていた時代である。広島でもまだ「原爆の絵」のプロジェクトなど、被爆の実相に迫る資料収集活動が本格化する前である——この一見能天気な「理想主義」的歌詞にも、過去に向き合い、世代を超えて認識を共有することの難しさが表れている。五つの赤い風船の『遠い世界に』における協働の呼びかけや、北山修がはしだのりひこに贈り、その年（一九七一年）の紅白歌合戦で歌われた『花嫁』の、故郷への決別の歌詞にも、同様の含意がある——戦後世代のトップバッターである彼らの言葉には、そうした前の世代とのつながりと「孤独」との間で揺れ動く心性が読み取れる。

半自伝的戦争マンガ

メディアやポピュラーカルチャーの、社会の「窓」や自己への「鏡」としての機能は、同時代的にはコミュニケーションを媒介、あるいは分かつものとして現れるが、そこから時間が経過すると次第にそれらは歴史的事実として「堆積」し、記憶の底に「地層」を成していく。テレビ・ドキュメンタリーにおける『ある人生』と『七〇年代われらの世界』の間の非連続性や、ミュージック・シーンにおけるフォークソングの席巻もそうだ。一九七〇年前後は、様々な文化領域においてそうした「地層」が形成された——「マンガ」もその一つである。

戦後、日本のマンガ界は、戦前・戦中の紙芝居、少年雑誌の「絵物語」表現を継承し、占領下に押し寄せた欧米文化の影響も受けて発展した。それを牽引し、若くして「巨匠」の地位に上り詰めた手塚治虫ら何人かの人気作家が、一九七〇年代になると自分に似た主人公を立てて「私」「ぼく」といった一人称で戦争体験を語る、所謂「半自伝的戦争マンガ」（黒沢哲哉『手塚マンガあの日あの時』）をたて続けに発表する。

手塚の『ゼフィルス』（一九七一年）という読み切り作品がまさにそうだ。地方の農村で昆虫採集に熱中するひとりの少年の目を通して「あの戦争」末期の現実を描いた。手塚はその後『紙の砦』（一九七四年）で、マンガ家を目指す主人公が経験した大阪大空襲を描く。『悪魔くん』『ゲゲゲの鬼太郎』で六〇年代に地位を確立した水木しげるも、一九七〇年に自身の前線の体験を描いた『敗走記』を発表。これを起点に水木は戦争を扱った短編に取り組み、『総員玉砕せよ！』（一九七三年）という長編に結実させ、戦記物作家としての新たな評価を確立させる。

一九二二年生まれの水木しげるは二十歳で出征し、南方の前線で九死に一生を得た。一九二八年生まれで病弱な少年時代を過ごした手塚にとっての空襲体験も、並大抵のものではなかっただろう。彼らがそれまでの作品に、全く「戦争シーン」を描かなかったというわけではない。だが戦後二十五年を過ぎて、それを彼ら自身の経験として一人称で語るようになったことの意味は、決して小さくはない。

「大人」の感性で戦争を体験した世代だけではない。一九三二年生まれの滝田《たきた》ゆうは一九六八年に、後に彼の代表作となる半自伝的マンガ、『寺島町奇譚』を漫画雑誌『ガロ』に描き始めている。その最終話で東京大空襲をリアルに描いたのも一九七〇年だった。一九三九年に生まれ国民学校一年生（六歳）で被爆した中沢啓治が、『漫画パンチ』で初めての原爆マンガ『黒い雨にうたれて』を発表したのが一九六八年。この経験が一九七三年の『はだしのゲン』の連載につながっていく。いずれも、青年誌がその扉を開いた点には注目したい。

様々な世代の描き手が、一人称で戦争を表現するようになったこの状況について、漫画評論家の梶井純は「漫画家たちの『戦争』概説」で言う。「六〇年代半ばころの少年週刊誌をはじめとする少年誌にあふれでた軍事ものは、戦記漫画を含めてもはや十五年戦争とは無縁な距離にあり〔中略〕活劇のバリエーションにすぎなかった」（110頁）。一方でこうも言う、「戦後がはるかに遠くなった一九七〇年代は漫画が子どもだけのものでないことが自明になった時代だったが、そこでも十五年戦争の影は消えることがなかった」（104頁）——明らかにここに時代の節目がある。

それを支えたのは戦前・戦後を通じてマンガに親しんできた「子どもたち」の成長だった。彼らはマンガを手放さず、その一部が描き手となった。そこに当時既に「大人」だった編集者たちが加わった。読者の多くは戦後生まれだったが、ベトナム戦争や安保闘争の向こうに「あの戦争」を感じ取ることもできるようになる——マンガは一九六〇年代から七〇年にかけて、フォークソングとともに若者文化というポジションを獲得した。しかし断絶がはっきり表れた音楽の世界と違って、世代が上手に混ざりあい、共通の対象に目を合わせる「コンタクト」の場がこの時期、一時的に形成されていた。

『光る風』から『宇宙戦艦ヤマト』へ

そしてこの時代に一つのセンセーショナルな作品が発表される。後に『がきデカ』でギャグマンガの世界に旋風を巻き起こす山上たつひこが、その将来を全く予見させないシリアスな筆致で描いた『光る風』(『週刊少年マガジン』連載、一九七〇年)である。

あくまで「近未来」を舞台に設定した物語ではあったが、それは明らかにベトナム戦争が泥沼化する当時の国際的緊張を反映し、かつ軍国主義の復活や徹底した情報統制が敷かれた社会の描写には、「あの戦争」の記憶が強く意識されていた。中でも最も衝撃的なシーンは、主人公の兄が出征後手足を失い、「芋虫」のようになって自らの命を絶つシーンである。残虐さ、グロテスクさ、そして外見に加え精神も病んでいくディストピア的展開――そのリアリズムはコアなファンの支持を受ける一方、トラウマ的な衝撃を広げた。

山上たつひこは一九四七年生まれ、「戦争を知らない子供たち」の一人である。彼がこの年に敢えて「戦争」を直視する作品を描いたことは、果たして何に由来するのだろうか。そしてその後彼はギャグマンガ家へ転向。『がきデカ』のヒット(一九七四年―)後は、マンガ家から小説に表現の場を移した。この、リアルな社会派表現からナンセンスを極めたギャグまでの振幅の大きさは、「戦争」を主題としたことによって背負ったものの影響か、あるいは一九七〇年代という変化の時代の特殊性だろうか。

『光る風』は、この一九七〇年の『週刊少年マガジン』第四十七号で突然連載を終える。事実上の「打ち切り」とも言われているが、続けて翌一九七一年三月に『回転』という短編を同誌に発表している。舞台は当時の「現在」(一九七一年)。ホーム転落事件を起こした容疑者の中年女性が、そこから「過去」(戦時・戦後の記憶)を回想する設定である。これを見ると、山上が『光る風』終了後も「戦争」を描くことを諦めていなかったことがわかる。しかしその後は『喜劇新思想大系』(一九七二—七四年)から『がきデカ』へと、作風を大きく変える。ただその転向も、表現のタブー(非日常性)への挑戦という同一線上にあった——ここに振幅の正体を見ることができる。山上にとって「戦争」は「エロ・グロ・ナンセンス」と対になるモチーフであった。

「戦争」を描くことの困難さは、ここまで挙げてきたマンガ家の中で唯一前線の経験を持つ水木しげるもしばしば訴えていた。水木も、山上と違う意味で振幅の大きな作家だった。しかし『敗走記』で、「ぬりかべ」に行く手を遮られた経験を描いているように、後年、自身の妖怪マンガ家と戦記作家の接点、直接的に「戦争を描く」ことの「もどかしさ」や「罪深さ」を、彼はかなり自覚的に語っている(『昭和史』一九八八—八九年など)。本当に妖怪が見えていたかはさておくとして、水木の「妖怪」は、全てとは言わないが、「戦争」の語りにくさを引き受けてくれた創造物でもあった。

とはいうものの、マンガは「活劇のバリエーション」である以上、映画などの「戦争」をスペ

左:『光る風』(1970年)、右:『回転』(1971年)より

クタクルとして消費する表現と紙一重にある。『ゴジラ』(一九五四年)以降禁を解かれた、敵味方による勧善懲悪的な構図は、戦後の子どもたちを再び惹きつけるようになった——『ウルトラセブン』(一九六七—六八年)の脚本に、正義の前に葬られる怪獣たちの悲しみをそっと織り込んだ金城《きんじょう》哲夫の抵抗などを除けば。

折しも国内は未曽有のSFブームにあった。小松左京の『日本沈没』の映画化が一九七三年。スペースオペラにも「戦争」が舞台装置化される。そこに登場したのが『宇宙戦艦ヤマト』だ。一九七四年にテレビアニメがスタート。ハリウッドの『スターウォーズ』構想と並行して劇場版が制作され、一九七七年に大ヒットする。しかしいかに舞台が「宇宙」とはいえ、明らかにその名は戦争末期に沈没した巨大戦艦の姿を想起させる。「ヤマト」のコンセプトはその後『機動戦士ガンダム』（一九七九年）、『新世紀エヴァンゲリオン』（一九九五年）に継承されるが、それらは殺戮の残虐さは描かず、戦闘シーンは「愛」や「正義」といった美しい言葉の中に包み込まれる――こうして見ていくと一九七〇年前後、メディアやポピュラーカルチャーの中に一瞬現れた、「戦争」の「なぜ」を問う声は、結局広がることなく時代の「地層」に埋もれていったということになる。そこには表現者たちの「もどかしさ」の共有を阻む、「コミュニケーションの壁」が聳《そび》え立っていたのだ。

二 「戦争」と「子どもたち」の関係のリアル

「子どもたち」の多様性

私には、一九七〇年前後のことはおおよそ自分の時代の出来事だという実感がある。小学生だったからそれほど鮮明なイメージではないが、それでも家族と一緒に行った万博の風景や安保闘争のニュースは自分の目を通じて、そしてフォークソングや『七〇年代われらの世界』のテーマソングは自分の耳を通じて記憶に刻み込んだ。私と水木しげるの最初の出会いは『ゲゲゲの鬼太郎』、山上たつひことは『がきデカ』だった。

自分史を振り返っても、十代を一言で表すことは簡単ではない。なにせ小学校高学年から大学二年になるまでの期間なのだ。人生で最も変化を経験する時期といってもいいだろう。だからそこで経験したことが、どのように記憶され、思考の糧となったかは全く状況に依存する。私も水木の『敗走記』や山上の『光る風』は大学生になって、様々な文化的な刺激を受けるようになってから知った。

しかし我々は往々にして「子どもたち」と一括りに言う。しかも始末に負えないことに、少年時代に出会った「大人」は、いくつになっても親子関係のように年の差が縮まらないことをいいことに、その相手を「子ども扱い」する。戦争体験者たちの「語り、伝え」は、もっぱらそうした「子どもたち」に向けて発せられる。『戦争を知らない子供たち』を書いた北山修が、その時既に二十五歳になろうとしていたことを考えると、その「大人たち」の無意識は罪深い。平和教育の現場で常に言われる「子どもたちを再び戦場に送るな」というスローガンにも、そうした一括り感は否めない。そこにもやはり「なぜ」への答えはなく、「だから」が一人歩きしている。

それは、「子どもたち」の存在が大人たちにとって、「未来を担う者」であり、かつ「教育すべき対象」として先取りされていたことを意味する。二十世紀の「新しい歴史学」運動を牽引したフィリップ・アリエスは『〈子供〉の誕生』で、「子ども」という概念自体が近代社会の産物であることを言い、そこにおける「学校教育」の制度化を指摘している。すなわち〈子供〉の存在は、近代に成立する様々な規範の中で生きる「大人」と区別されるという一点において、「発見された」のだ。

〈子供〉を「無垢なるもの」、慈しみ守るべき聖的存在と見る一方で、未だ「無知なるもの」として見下す「大人」の両義的な態度。その矛盾を媒介するものが「教育」というわけだ。よく指摘されてきたように、近代社会における「教育機関」は、行動規範を定着させる装置として機能し、それが他の装置である家庭やメディアなどと関係を結びながら、社会システムの中核を担ってきた。実はここにおいて、「戦前」「戦中」「戦後」の大きな違いはない。「何を」「どのように」教えるか——そこで生産・再生産される規範がどのように無意識的に人々の行動を律するか、だけがその差となる。

「あの戦争」が終わって七十五年。一貫して「子どもたち」という呼び名で一括りにされてきた「語り、伝える」べき相手は、ざっくり言っても、自らの戦争経験を持つ世代（少国民世代）、戦争体験者を親などパーソナルな関係として有する世代（戦後第一世代）と、もはや学校教育やメディアを通じてしか知る機会を持たない世代（戦後第二世代）に分かれる。さらにその各々の世代においても、様々な「戦後」の時空間を生きることで、異なる「コンテクスト」「コード」に従い、解釈をするように成長していく。そのことが意識されずに、語り手の思いや焦りばかりが発せられていたとしたら、その言葉は、果たして受け手に届くだろうか。

戦争と出会う瞬間

戦後六十年から七十年の間で、体験を語る人々の顔触れは大きく変わった。前章で述べたようにそれは積極的な「語り部」から、メディアに促された「証言者」にシフトしただけではない。多くの、当時「大人として」戦争に向き合った経験者が鬼籍に入り、その年齢は下がっていった。

そうした折、私は「テレビと戦争」の研究が進むとともに、次第に直接に彼らの声を聞く機会を得るようになっていった。中でもプロジェクトとして証言収集に取り組んだものが二つ。二〇〇六―〇九年に鹿児島県大隅地方で行った「第六垂水《たるみず》丸沈没遭難事故」（一九四四年二月六日に発生）に関する調査。そしてもう一つが二〇一四―一九年にかけて本務校に近い神奈川県伊勢原市で行った「戦争体験者インタビュー」である――これらを通じて私は、のべ四十人の経験に根差した言葉に直接耳を傾けることになった。

前者と後者では、プロジェクトの目的も方法も大きく違う。大隅の調査の目的は、特定の地域の記憶の発掘を通じて、メディアが提示するナショナルな物語を相対化することにあったが、伊勢原のプロジェクトの目的は、もともとあった自治体の「平和事業」に資する「証言」を幅広く収集することであった。それぞれに知見は広がったが、二つのプロジェクトで「戦争を体験した」当時の子どもたちの生《なま》の心情に出会えたことが、何よりの収穫であった。

第六垂水丸沈没遭難事故との出会いは、全くの偶然であった。二〇〇六年、鹿屋《かのや》市に開局したNPOが運営するラジオ局のメンバーとの会合で、その戦時下の連絡船事故の物語を始めて聞く。ちょうど戦後六十年の番組整理を終えたばかりの私には驚きだった。ともかく「なぜ」だらけだったからである。終戦から一年半前の、しかも南九州の片隅での、砲撃による沈没ではない正真正銘の「事故」。さらにそれは原爆や沖縄戦といった国民誰もが知る「あの戦争」とは異なる、地元でもほぼ忘れられた出来事であった。しかしそれに抗して、「語り伝えよう」とするモチベーションを持つ人々がいた。そのコントラストは衝撃だった。

一九四四年二月六日午前九時五十五分、当時の鹿児島県肝属《きもつき》郡垂水町垂水汽船所有の第六垂水丸（百二十二トン）が「乗客七百名（定員三百五十名）を満載し鹿児島港に向かふべく沖合二百米のヶ所にて方向を転じた刹那余りに過重な船客のため船の安定を失し転覆とともに沈没」（鹿児島日報一九四四年二月七日）――五百名を超えると言われる犠牲者の大半は、事故現場となった今日の垂水市をはじめ、鹿屋市、肝付《きもつき》町など大隅半島の人々であった。

その中には鹿児島市内の病院にトラホーム（伝染性の結膜炎）の診察に向かう子どもたち（国民学校六年生）がいた。川井田《かわいだ》稔もその船に乗るはずだった。しかし寝坊をし、代わりに薬をもらいに乗った母と友人たちが犠牲となった。彼はその沈む瞬間を浜で見ていた。垂水市内北部の別の学校に通う長浜涼子も友達四人とこの船に乗った。長浜は船の中で沈む瞬間を経験し、彼女一人が救出される。そして砂浜、あるいは遺体安置所となった寺で、夥しい数の死体と出会う。

戦時期の大隅半島には、海軍航空隊（現海上自衛隊鹿屋基地）を中心に多くの軍施設が配置されており、米軍機による空襲を頻繁に経験する。しかし垂水丸の沈没までは、それこそ穏やかな銃後の生活があった。それを壊したのがこの事故だったのだ。定員をはるかに超える人を乗せてしまった理由として、「第六師団歩兵第四十五連隊（別名西部十八部隊：鹿児島市伊敷に配備）」の兵士への面会者が多数いたことが言われている。大隅半島出身兵士が多く所属するこの連隊のゆかりの人には、近く戦地に赴くため、その日が最後の面会日になるという話が伝わっていた。戦局が厳しくなる空気はあった。そしてこの事故が、この地域の人々が、「戦争」のリアルを知る初めての経験となった。

長浜涼子は自らが直面した「死」を言葉に出来ず、我々と出会うまで六十四年間、その経験を誰にも語らずにいた。反対に川井田稔は自らの過失によって母を失った無念に突き動かされ、語る機会を求め、体験記を書き残してきた。同じ出来事を、しかも相当に近い距離で体験しながら引かれた「語る／語らない」の差。それが二人の戦後を分かつ一線となった。私は長浜が取材の間、終始「もどかしさ」を表情に浮かべていたことを忘れない。

川井田が戦後、教員となったことも、この「差」の要因となった。川井田は教育長として地域学習に力を入れた。この事故を、悲惨な出来事としてだけでなく、地域の人々が協力し助け合った記憶としても残したかった。彼はその後遺族会を立ち上げ、現在も「語り部」活動を続けている。そもそも私がこの出来事を知るきっかけとなった物語『冬の波』も、地元の郷土史家・竹之井敏《とし》の作品である。竹之井もまた当時、「語り伝える」ことに強い使命感をもった女性教員で

ドキュメンタリー『冬の波――第六垂水丸遭難とおおすみの記憶』（構成：水島久光、2009年）より

あった。

記憶と規範意識

神奈川県伊勢原市は、一九八六年の国際平和年を期に「健康・文化都市宣言」を公表。その翌年から「平和のつどい」などの平和事業をスタートさせる。そして二〇一四年夏、戦後七十年を

前に、包括協定を結ぶ大学に「戦争体験者インタビュー」の協働事業をオファーする。それに私は手を上げた。大隅で見聞きしたことを、他の地域でも確認したかったからだ。

伊勢原のプロジェクトは、二〇一四―一七年の第一期、二〇一八、一九年の第二期に分けて行われた。第一期はこれまでの平和事業に関わった方々を中心に市内在住あるいは近隣に住む体験者を募り、話を聞くランダムなもの。第二期は、活発な伝承活動を行っていた広島・長崎での被爆体験を持つ人たちの会（伊勢原市被爆者の会）のインタビューである。第一期の十名は半数ずつ、八十代後半から百歳に近い高齢の元兵士と、当時十代の「子どもたち」だった人々（うち四名は国民学校生）とにはっきり分かれた。伊勢原のかつての「少国民」たちは饒舌であった。これは、それまでの市の平和事業との関わりもあり、比較的話し慣れていた側面もあろう。しかしそこには「戦争」との距離感があるように思えた。

四名には共通する記憶があった。それは「疎開者の受け入れ」と「空襲経験」である。各々別の学校だったが、この地域では、都市部からの集団疎開を受け入れており、疎開した側にも受け入れた側にも、「なじめなかった」苦い記憶が残っていた。また海軍工廠《こうしょう》のある平塚市と接するため、直接空襲の標的になることは稀でもその影響下にはあった。但し、焼け野原や夥しい死体を目撃した経験はなく、その語りはどこか傍観者的であった。特に大半を農村が占めている地域における「終戦」の経験の淡白さは印象的だった。元「少国民」たちには「玉音放送」の記憶は薄く、代わりに「小田急線の停電解除」が終戦の象徴として記憶されていた。

驚かされたのは、彼らの言葉の端々に表れる「規範意識」の強さである。家父長主義的な秩序や倹約・勤勉といった価値観は、おそらく学校や地域社会の日常によって、ごく自然に心身に染みついていったものと考えられるが、それが七十年後までずっと、彼らの思考の土台を成していた。したがって彼らは、口々に「再び戦争をしてはいけない」と言うが、だからといって現代社会を肯定してはいないのである。だから「モノを大切にしない」「親を大事にしない」といった「現代の若者」の規範の緩みに、普段から苦々しく思っていたことがつい口に出る。もちろん

伊勢原市戦争体験インタビュー（上・中：第一期、下：第二期）（撮影：東海大学水島研究室、2014-19年）

こうしたことは「普遍的な道徳心」と言えることかもしれない。そして、黒塗りにされた教科書に象徴される「教育の空白」の中で、彼らはむしろ戦時下よりも深刻な貧困に喘ぎながら大人になっていった。その経験に裏打ちされた言葉は、生活次元の精神史としての、戦前から戦後の地続き感を表明しているように聞こえた。

特に男女の意識差は顕著であった。女性は早くから家事労働の担い手と見なされ、生活に「遊び」の要素が乏しく、その分規範に従う志向が強く、それが自負心を支えていた。一方男性は、同じ「貧しさ」を体験していても関心が「配給」や「取得物の換金」など経済に向かっており、また生活の記憶の中に「遊び」の要素も強く残っていた。但しそれも間接的には規範との強い結びつきの中にあり、彼らは毎日の「戦争ごっこ」の中で「兵隊」への憧れを醸成していた。「戦争はいけない」と言いつつも、そうした少年時代の「夢」には今でも肯定的で、それは高齢の元兵士にも共通していた。語弊を恐れずに言えば、彼らの戦場は「戦争ごっこ」の延長戦だった。また、それを良しとする社会がそこにあった。

忘れ去られる子どもたち

「子どもたち」にとっての「戦争の記憶」とは、戦争の時代における地域の記憶である。すなわちその土地で何があったかが、彼らの戦争に対する考え方に大きく影響する。被爆者は、そこに原爆が落ちたことによって被爆者になる。伊勢原市のプロジェクト第二期で話を聞いた六名中五名（残り一名は亡くなられた奥様が被爆）は、まさにその至近距離での経験が、語り得る「戦争」であった。ここに「あの戦争」という指示詞が用いられる理由がある。

そこから先も、それぞれの戦後経験が「語り」の内容に上書きされていく。伊勢原市被爆者の会副会長の小渕義信は十二歳のとき長崎で被爆し、戦後、神奈川に転居し生活する中で、被爆の実相を知らない人の多さに驚き、退職後「戦争を学び、語る」決意をする。被爆経験を核問題に発展させ、戦争そのものを問う言葉を身につける。その小渕は初めて我々に会ったとき厳しい言葉を発した——ディスカッションのきっかけにしようとNHKスペシャル『〝あの子〟を訪ねて～長崎・山里小 被爆児童の七十年～』（二〇一五年）を見た後のことだった。「テレビに出ている人たちだけではなく、自分たちにも被爆を語る資格があるし、伝える義務がある」——暗に谷口稜曄らを指しての言葉だった。またテレビが被写体を絞ることで、多様な被爆経験と戦後が埋もれる。「あの子」と一括りにされてきたことに彼は憤っていた。

まさに戦後は「子どもたち」に、そうしたラベルを与え続けた。二〇一四年四月に放送された『極上アンティークお宝映像発掘！ ムカシネマ 2』（BSプレミアム）というややマニアックな番組の制作に協力したときのことである。スタッフが全国から集めてきた映像には新たな発見も多く、その時の「目玉」の一つであるカラーの「闇市の映像」には目を奪われた。神戸に入港した海兵隊の従軍カメラマンによる十六ミリフィルム映像で、一九四六年の正月の三宮界隈の情景が鮮明に写っている。関西有数の大都会とはいえ、華やかな着物の女性が漫《そぞ》ろ歩く鮮やかさには、「終戦直後」とは信じがたい印象を受けた。

問題はその後のシーンである。「闇市」から離れたカメラは、神戸空襲の生々しい傷痕を舐める。するとそのフレームの中に子どもたちの一群が入ってくるではないか。そして彼らの目指す先には、お菓子を配る若い米兵の姿があった。まさにこれまで数々の戦後のエピソードとして描かれた「ギブミーチョコレート」のシーンである。もちろんそれには、従軍カメラマンらの作為の可能性も十分ある。とはいえ、子どもたちが米兵に「群がっている」実写映像の衝撃は大きかった。

「終戦直後」が実際にはどのような状況だったのか、我々は悲惨な「戦争の実相」以外に、イメージを持ち合わせていない。そして限られた印象は「戦後」を舞台にしたドラマやマンガの設定によるものだ――振り返れば「闇市」も「ギブミーチョコレート」の知識もそこから得ていた。少なくとも戦後六十年まで、八月の番組がこうした対象を掘り下げることは稀であった。原爆や八月十五日のこと、そして山積みの「戦後処理」を扱うだけで手一杯だったのだろう。その後徐々に新しい証言や資料が集まり、番組は大量生産されたが、こうした「終戦直後のリアル」に光が当たるまでは、ずいぶん時間がかかった。

そのきっかけは、二〇一三年三月八日放送のNHK特報首都圏『それでも私は生きた～いま明かされる戦争孤児の実像～』だった。都市空襲は、八月以外で「戦争」を描くことができる数少ない題材であり、特に東京大空襲は早乙女勝元などの著作の影響もあって、六月の沖縄戦終結、十二月の日米開戦などとともに、「原爆」に次ぐ重要なトピックの一つとなっていた。しかしその多くは被害の大きさを伝えるにとどまり、全国の焼け跡に取り残された十二万人の遺児の「戦後」を取り上げるドキュメンタリーは、ほとんどなかった。その「子どもたち」の存在は、長い間忘れられてきたのだ。

「ブラックホール」と「駅の子」

しかし、徐々にその「子どもたち」にも光が当たっていく。二〇一五年の三月にはNNNドキュメントで『シリーズ戦後七十年「戦争孤児たちの遺言 地獄を生きた七十年」』が、さらに八月にはBSで『ザ・プレミアム「ドキュメンタリードラマ 戦後ゼロ年」』(十五日)が放送される。

それは、翌々年(二〇一七年)八月二十日のNHKスペシャル『戦後ゼロ年 東京ブラックホール 一九四五―一九四六』に引き継がれる。しかし同じ「戦後ゼロ年」をタイトルに謳い、ドキュドラマの手法を用いながらも、両者はまったく異なる世界観を描く。二〇一五年の「戦後ゼロ年」はナビゲータに女優の徳永えりを起用し、「女性」と「子ども」の目線で実相に迫ったが、二〇一七年のNHKスペシャルの「戦後ゼロ年」では、新しい技術を「売り物」に、過去の映像の中に俳優山田孝之がタイムスリップするという設定で、あくまで「大人の男性」の目線から「終戦直後」が描かれる。そこでは「ブラックホール」は無法地帯の喩えとして表現されたのだ。

二〇一七年版の導入部、「絶望と野心がせめぎ合う『戦後ゼロ年』の東京。破壊されつくし『ゼロ』となった東京はどう立ち上がったのか」とナレーションは言う。しかしそもそも、本当にこの時「東京」は「ゼロ」となり、リセットされたのか。そして主人公がこの七十二年前の世界に迷い込むきっかけは「リストラ」である——この終戦直後を捉える「現代」の眼差しにはリスクがある。視聴者が「その時空間」を「疑似体験」する効果はあるが、その「仕事がない」状況の類比性に頼った単純な設定が、映像に潜むディテールを見失わせかねないからだ。

それに対し、翌年二〇一八年八月十二日に放送されたNHKスペシャル『〝駅の子〟の闘い～語り始めた戦争孤児～』は、二〇一五年の「ザ・プレミアム」の「戦後ゼロ年」の視点を再び掘り下げるものであった。ここでクローズアップされたのは、差別と迫害・暴力の記憶である。そしてその当事者たちはその恐怖ゆえに、七十年口を閉ざしてきた。番組に描かれた「駅の子」あるいは「街の子」と言われた孤児たちは、その後美空ひばり（『東京キッド』一九五〇年、『私は街の子』一九五一年）や暁テル子（『東京シューシャインボーイ』一九五一年）によって歌われた情景とは異なる闇の中にいたのであり、むしろその歌詞の明るさやある種の逞しさは、その地獄から抜け出せた者のみに可能な、上書きされた過去への解釈だったことに気づかせてくれる。

「戦後ゼロ年」というラベリングはある時には何かを表し、またある時にはそれを見えなくさせる——その違いは、二つの「戦後ゼロ年」における強者と弱者のコントラストをそのまま映し出すものであった。たとえボキャブラリーは、「生きていくために必死だった」という一文で双方に共通していても、その中身は大きく隔たっている。「闇市」や外国人が支配する「無法地帯」でその後、「金と力」を手に入れることができた者にとっては、「ゼロ」はスタートだっただろう。しかしそうではない者にとって「ゼロ」は無であり、それを抱え続けた人生は、「戦後」が始まった時空間に今でも立ち止まったままになっている。一九五六年の「もはや戦後ではない」の宣言と、歌手・美空ひばりの輝かしい成功イメージとともに「駅の子」「街の子」は忘れられていったのである。

南沙織と紫の「終戦」

「終戦」とはいつのことか——戦争の記憶が、まずはその時代を生きた人々の生活圏に起こった出来事の記憶だとするならば、沖縄の基地周辺の人々にとっては、未だに「終戦」は到来していないという言い方もできよう。少なくとも一九七二年までは米軍統治下にあったわけで、読谷《よみたん》に海兵隊が上陸し、軍政が始まり、沖縄戦終結と言われる六月二十三日、そしてその後の米軍と農民の攻防（阿波根昌鴻『米軍と農民』）まで振り返ると、そこに「戦前／戦後」の境界線を引くことはできない。そして一方本土の人々は、同時期、沖縄のことを確かに「忘れていた」のだ。

それを思い出させてくれた沖縄の「子どもたち」の一人として、南沙織のことを書いておきたい。彼女は本土復帰の前年、一九七一年に沖縄から上京して『十七歳』でデビュー。「日本におけるアイドル第一号」と称され、ファンのみならず、多くの戦後世代の歌い手たちに愛された。「フォークの神様」と言われ、一九七一年の「中津川」の出演メンバーでもある吉田拓郎は、彼女のファンであったことを公言して憚らない一九四六年生まれのシンガーの一人である。そして彼が一九七四年にかまやつひろしとデュエットで歌ったヒット曲『シンシア』は、南沙織の本名「シンシア・ポオリー」から想を得た楽曲であることがよく知られている。

一九五四年生まれの南沙織を、本土の「戦争を知らない子供たち」は、どのように見ていたのか。吉田は「シンシア」と一九七四年十一月十二日の『ミュージックフェア』（フジテレビ）で共演し、「僕の歌になるようですから、素晴らしいですね」と盛んに照れていた。当時の「可愛らしさ」をアピールするタレントとは一線を画すべき存在だった彼女は、しかし僅かな活動期間で一九七八年十月に引退、翌年には彼女を見守り続けた写真家の篠山紀信と結婚する。

社会学者の永井良和は言う――「沙織さんは、四十年をかけて沖縄の実情を伝えてきたのだ」（『南沙織がいたころ』248頁）と。彼女が米軍統治下に生まれ育った「時代の子」として背負い続けたイメージ、そして二〇〇八年になるまではっきりと告白できなかった実父のこと。「シンシア」というクリスチャンネームも、デビュー当時は単なる「ニックネーム」と紹介されていた――そのような曖昧なまま口を閉ざさざるを得なかったアイデンティティの苦悩について、ファンクラブ会員でもあった永井は丁寧に、愛を込めて語る。

一九七〇年代はアイドルというシステムを用いて、テレビが虚像を立ち上げる力を得、またそれを自ら確信した時代でもあった。その中で南沙織が「ハーフ」を装い、また忘れられた「沖縄」を背負い、微妙な距離感を保ちながら七年間を駆け抜けたこと。その後短い歌手復帰期を挟んで、子育ても落ち着いた二〇〇〇年以降も、要所要所で「沖縄」について発言を続けていることと——その言葉一つひとつに目を凝らすとき、そこにこれまで本土では語られてこなかった沖縄特有の戦争に関する「コンテクスト」と「コード」があることに気づく。今、彼女の『純潔』のイメージを思い返すとき、その透き通る声が響いた一九七〇年代の虚実を思わずにはいられない。

沖縄と一九七〇年代の国内のミュージック・シーンの関係を考えるとき、もう一つ触れずにはいられない存在がある。伝説のバンド「紫」である。

一九七七年、当時のロックファンのバイブルだった『ミュージック・ライフ』誌の人気投票で一位を獲得。彗星の如く、メディアシーンに登場した。しかし同年の全国ツアー後、突如解散を表明。沖縄に戻る。その後、一部メンバーによるセッションを何度か経て、一九九七年にかつての仲間（音響担当）の交通事故死を悼み、「一夜限りの再結成をする」——十月二十七日『ニュースステーション』（テレ朝）は、そのドキュメントに十四分を割いた。

「紫」は一九六八年、城間俊雄（ベース）、正男（ボーカル）らが結成したバンド「ピーナッツ」を母体に結成された。城間兄弟の父は、フィリピン人の軍属であった。戦後、米軍統治下におかれた沖縄には、当初当面の労働力を確保するために六千人を超える独身男性がフィリピンから呼び寄せられた。その後、地元沖縄の労働者の雇用のために、一九五五年から削減方針がとられ、一九六五年には重要な地位にあった者を除き解雇となる。城間兄弟の父親も、南沙織を育てた継父もその一人であった。結成翌年「ピーナッツ」には、キーボードの比嘉常治（ジョージ紫）が加入し、バンド・コンセプトをリードする。ジョージの父はハワイ移民の日系二世で、やはり終戦後沖縄に来た軍属であった。その後、下地行男、比嘉清正（ギター）、宮永英一（ドラム）が入り、一九七五年、「紫」は完成する。

紫セカンドアルバム『IMPACT』（徳間音工、1976年）

『ニュースステーション』のドキュメントは、「メンバーのほとんどがハーフ」であることを強調した。それはなぜ本土での栄光を捨てて、彼らが沖縄に帰ったのかを示唆したかったためだろう。一九七〇年代、本土においては四半世紀が過ぎた「戦争」はもとより、「戦後」すら過去のものになっていた。番組は、そのコントラストを印象づけた。「レコード会社やプロダクションサイドでは、僕らが本土に移り住むことを望んでたと思うんですけど、それだけは譲れなかった」――ジョージ紫は、それ以上は言っていない。しかしその後のメンバーの生き方を見ると、当時の「沖縄」の現実と切り離されていくことへの躊躇が大きかったことが推測される。

南や紫が本土の音楽シーンから離れたあと、沖縄は基地を温存しつつ「リゾート化」を進める。過去と未来が「引き裂かれた」故郷。何より、米軍統治下に生まれた「時代の子」のアイデンティティが、そこから目を逸らすことを拒んだのだ。実際一九七〇年代に至るまで「沖縄」は、本土にとっては「異物」であり、返還は「終戦直後」がタイムスリップして来た感覚だった。反対に沖縄の「時代の子」たちにとっては、東京で出会った「戦争を知らない」同時代の「子どもたち」こそが、戸惑いの対象だったのだろう。

子どもたちのアイデンティティ

一九七〇年代まで本土の人々の視界から消えていた土地は、沖縄だけではない。大陸や旧植民地も――往時はあれほど大衆の希望の的となっていながら、復興を急ぐマジョリティの意識からは見事に消えていた。

一九七二年は沖縄返還の年でもあるが、日中国交正常化が実現した年でもある。この出来事は今日では、中華人民共和国の国連加盟に伴う、新たな国際秩序策定の文脈で語られることが一般的だが、我が国との間に絞って言えば、「平和条約」が締結されていない状況は「戦争状態の終結」が宣言されていない異常事態であり、そこに終止符を打つ意味があった。すなわちそれまで日中間の「戦後」は始まっていなかったのだ。そしてそれを教えてくれたのが「残留孤児」の存在であった。

約三十万人を数える満州移民と、七十万人を超えると言われた関東軍兵士は、一九四五年八月九日のソ連の対日参戦を期に困難な撤退を強いられ、そこから集団自決、女性たちへの凌辱、大量の難民の収容所での強制労働など、筆舌に尽くしがたい惨状が生じた。運よく帰還できた人々の多くも、その様子を語ることは稀で、今日でも実相が判明していないことが多い。それはこれまで「満州」を主題としてきたドキュメンタリー番組が、全体に比して少ないことが表している。

ともあれ一九七二年の日中国交正常化は、本格的な残留邦人の身元調査の契機となった。しかし当時約四千人いたとされる「孤児」の帰国を妨げる「壁」が双方にあり、事業は遅々として進まず、最初の「残留孤児訪日調査団」四十七人が「祖国」の土を踏んだとき、国交回復から実に八年の時が流れていた。しかもようやく帰国できた人も様々な自立困難状況に追い込まれ、タイムスリップしてきた「戦争」は社会問題化した。

残された「子どもたち」の目線から、この「忘れられた土地」である中国の記憶が語られることもまた稀だった。アイデンティティの根幹にある「言語」と、それを育む「共同体」から完全に切り離された「孤児」たちの心がいかなるものであったかは、我々には想像するに余りある。それでも二〇一三年八月二十四日放送の『ドキュメンタリードラマ　基町アパート』(NHK)や、二〇一五年八月一日、二日放送のTBSテレビ六十周年特別企画『レッドクロス～女たちの赤紙

〜』で、わずかにその極限状況で育った「子どもたち」の姿が描かれている。しかしそれらはいずれにしても「ドラマ仕立てによるもの」であり、どこか感傷的な文脈に回収されているようにも映る。

満州以外の、旧植民地、領有地の記憶については、さらに語られることが少ない。朝鮮半島北部や樺太などを含む多くの北方地域でも、実は満州同様に、ソ連軍の進攻によって撤退は困難を極めていた。その結果、集団自決に追い込まれた集落も少なくなかったが、資料・証言ともに乏しく、実態が明らかになってきたのは、戦後七十年を過ぎたあたりからであるにすぎない(NHKスペシャル『樺太地上戦 終戦後七日間の悲劇』〔二〇一七年八月十四日〕など)。

テレビ神奈川のプロデューサー寒河江《さかえ》正も、朝鮮半島の城津府(現在は北朝鮮の金策市)からの脱出行の経験を持つ。寒河江はその地での同級生であった朝鮮人少年と、戦後四十一年たって再会し、その物語をその元少年(天文学者・羅逸星《ナイルソン》)との共著として二〇一一年に出版する(二〇一三年、『希望の翼〜あの時、ぼくらは十三歳だった〜』としてドラマ化)。その中にも壮絶な脱出シーンが描かれてはいるが、しかしどちらかと言えば物語の軸は、二人の友情がその後の日韓文化交流を生んだという「ハッピーエンド」にあった。

日本統治下の当時、学校教育の場での朝鮮語は禁止されていた。ある時、クラスで喧嘩が始まり、少年は咄嗟に朝鮮語で「やめろ」と言ってしまい、いじめにあった。その時、日本人

少年は、「朝鮮人が朝鮮語をしゃべって何が悪い」と止めにはいった。たったそれだけのことだった。（同番組ホームページより）

私は、友人を介して寒河江正と会う機会を得、大学に招待して講演会を開いた。それは、彼がその美しい物語の中で十分に語っていないことがあると考えたからだ。講演会で、寒河江は、自らの記憶をたどりながらディテールを付け加えた。それを聞いた一人の韓国から来た留学生が、羅に会ってみたいと申し出てきた。

彼女は帰郷の折にインタビューを試み、それをもとにレポートを書いた。彼女によればその天文学者の記憶は寒河江のものと少し異なり、ドラマで描いたほど「再会」後のことも肯定的に語らなかったという。日本名を与えられ「少国民」として生きた彼の「もどかしさ」は、間違いなく今もまだ「忘れられた」ままになっている。

三　「無垢」と「無知」──「子どもたち」とは何ものか

教育の空白

「戦争を知らない子供たち」という自称には、他世代ばかりではなく、北山修たち自身もしっくりこないものを感じていた。終戦直後に生まれた「子どもたち」は、当然「あの戦争」の痕跡に囲まれて育ったわけで、全く「知らない」はずはないのだ。

堺屋太一が「団塊の世代」に与えた定義によれば、一九四七─四九年に生まれた人々がそのピークにあたる。ここで人口分布的には戦後世代がマジョリティになっていく素地がつくられる。しかし堺屋が「団塊」の特徴として挙げた「戦後社会」の明るさを特徴づけるような性格は、もう少しあとの年代に当てはまる。美空ひばりが「街の子」を歌えるようになった一九五一年より前に生まれた「子どもたち」は、むしろ自らの「出生」に「戦争」が影を落としていることを知っており、それがそれぞれのアイデンティティに「空白」の部分をもたらしていた。

「戦争を知らない子供たち」のメッセージが、その後、教科書的に受容されてしまった理由は、むしろそれがその空白に蓋をするのに都合がよかったからではないか。そうした歴史的な孤独の中に生まれた彼らの一部が、学生運動から飛躍し、カルト化、暴徒化していったことと、それは裏表の関係にも見える。しかしその空白は、この世代に閉じたものではなく、戦時中に生まれ、終戦直後を「駅の子」として生きざるを得なかった「少国民」の一部や、南沙織やジョージ紫たちのように本土との時差の中に生まれた「団塊」以降の「子どもたち」にも共通するものである。

本来「教育」には、その社会に取り残された「子どもたち」の孤独を埋める役割があったはずだ。しかし「学校に毎日、教科書を黒塗りにするために通った」と苦笑いをする伊勢原のかつての「子どもたち」は、そのメッセージ無き時間に置き去りにされたことによって、「だから戦争はいけない」と言いつつも、未だに戦前・戦中の規範から解放されずに、戦後をポジティブに語る言葉を持っていない。

戦前では、一八九〇年（明治二十三年）に発布された「教育勅語」がその規範の中心に置かれていた。さらに日中戦争開戦後、初等教育と前期中等教育が「国民学校」、そこで学ぶ子どもたちが「少国民」と呼ばれるようになってからは学校がその基幹として明示され、総動員体制の核に位置づけられた。そこで〈子供〉は、「大人たち」が都合よく捏造した言葉を発し、素直に規範を吸収し、国民の「理想」を体現することを通じて、操作されつつも社会の希望を担う存在として成長を期待されたのである。「無知」と「無垢」を教育が巧みに接続したというわけだ。

終戦＝敗戦は、そのシステムに崩壊をもたらした。しかし、その後が埋まらない。実際、終戦直後に文部省が打ち出した「文化国家の建設」「科学教育の振興」は、それまでの国家理念である「國體《こくたい》の護持」と矛盾しないものであったためにGHQに全否定され、翌年三月の米国からの

「教育使節団」の来日まで、指針には全くの空白期間が生じる。そしてこの「使節団」が表した報告書が、改革の骨子を形成する。それに基づき、この年十一月の日本国憲法の公布と足並みを揃えるかたちで教育基本法、学校教育法の施行（一九四七年三月）に向けて作業は急ピッチで進むことになる。その意味では、確かに我々は自らの手で理念を立ち上げることはできていない。

当然ついこの間まで行われていた「皇国民」育成の現場がすぐ民主化教育に対応できるわけでもなく、また「占領」の介入や、一九五〇年以降の「逆コース」「反動化」の影響も小さくなかった。かくして戦後の大人たちの「子どもたち」への向き合い方は、暫時迷走を続ける。

平和教育と物語：サダコの場合

「何を」「どう教えるか」――その根幹がぐらついていた戦後教育の柱に、すっぽり嵌まったのが「平和教育」だ。「民主主義」や「主権在民」の理念を説くのは難しくとも、「教え子を再び戦場に送るな」（日教組中央委員会の決議、一九五一年一月）のスローガンがリアリティを得たのは、当時の状況から容易に想像ができる。同じく一九五一年の『学習指導要領（試案）』の中学三年生の社会科には、詳細に「平和への教育」の項目が設定されている。「平和」は、主権回復を目前にしたこの国の「子どもたち」に、語りかけるべきメッセージのキーワードとなっていった。『学習指導要領』上の「平和」の文字は、その当初（一九四七年版、小学校社会科編百三十五項等）から見ることができる。しかし「平和」の理解とは、「戦争」の被害を認識し、それを回避することであるとはっきり示した一九五一年版は、画期的であった。それに強く影響を与えたのが、被爆地での動きであった。一九四七年に第一回平和祭式典（今日の「広島市原爆死没者慰霊式並びに平和祈念式（平和記念式典）」）が開かれ、四九年には広島市中央公民館内に「原爆参考資料陳列室」が開設される。少しずつ「悲惨な体験」を振り返る環境ができる中で、一九五一年、長田新《おさだあらた》編集の『原爆の子』が出版され、翌年映画化される。

被爆が、「平和教育」の中心に据えられていく過程で特にインパクトをもったのが、佐々木禎子の物語である。二歳で被爆し、十二歳で発症（一九五五年）して短い人生を終えた少女の物語は、戦争の犠牲者としての「子ども」のイメージを広める役割を担った。亡くなって三年後の一九五八年、同級生たちの呼びかけから建立に至った「原爆の子の像」は、禎子が死の直前まで折り続けたといわれる「折り鶴」の造形とともに、絵本や映画等々に取り上げられ、シンボルとなっていく。

こうして物語化していった「少女」の像は、現実から引き離されていく――中国新聞のサイトには、当時のメディアがその動きを追っていた記録が残されている（「〝原爆の子の像〟を作ろう　盛り上る生徒の熱意」（一九五五年十二月二十七日）、「北海道からもお友だち　きのう〝原爆の子〟の像除幕式」（一九五八年五月六日））。家族や身近な人々にとっては、それは複雑な思いを抱かせた。戦後六十年の二〇〇五年、ＮＨＫ広島局は「ふるさと発シリーズ被爆六十年」の一つとして『わたしのサダコを伝えたい』（二月十八日、全国放送は三月二十一日）を放送する。その中で禎子の兄、佐々木雅弘は、二年前に亡くなった父の「禎子と私の苦しみは全然理解されていない。こんなもんじゃないよ」という言葉を口にする。

「無垢な子ども」として偶像化していった〝サダコ〟。その実像から離れて世界に物語が広がる軌跡を追ったNHKスペシャルが『サダコ～ヒロシマの少女と二十世紀～』（一九九九年八月六日）である。番組ではサダコが小説の主人公になっていくプロセスを追い、それが世界でどのように読まれていったかをレポートする。スペインの「サダコ学園」では抵抗のシンボルとして、また核保有国アメリカで、そして民族紛争に苦しむ国で――ちょうど「戦争の世紀」と言われた二十世紀の終わりが近づく中で、悲劇のヒロインが希望と勇気の象徴に転じていく様を描く。

ちなみに兄雅弘は、二〇一三年に児童書として、自らの記憶と新しく入手した闘病記録をもとに『禎子の千羽鶴』を著している。禎子と〝サダコ〟に引き裂かれ続けた一人の「少女」の死を抱え、もがき続けてきた兄は、ようやくその存在にリアリティを取り戻す言葉を得たのだ。ここまで実に半世紀以上の時間が経過している。

広島と沖縄の「子ども」

被爆を軸に、書き下ろされた戦後「平和教育」の文脈は、亡くなった「子どもたち」の無念を象徴化することで、戦後の「子どもたち」が、悲惨さを〝自分ごと〟として受け止められるよう導くシナリオとなって表現された。「私たちも〝サダコ〟も同じ『子ども』なのだ」という重ね合わせは、その「無垢」さを「無知」な自分に代入する危なっかしい試みなのだが、ともあれこの〝サダコ〟の物語の成功で、教育関係者たちは確かな手ごたえを得た。

実際ここから、全国の小中高校生が千羽鶴を携えて「ヒロシマ詣で」を行う儀式が定着する。しかしそれは「平和教育」に新たな課題をつきつける。それは被爆の恐怖から、戦争の多様な実相に関心と理解を広げるには、そこで何をどう促したらいいかという課題である。それがなければその体験は、「平和」や「民主主義」の基本理念に届かない。

一九七〇年代はその課題にとっても転機となった。何よりも沖縄の返還が大きかった。被爆の実相と、知られざる地上戦を引き合わせ、そこから全国に残る様々な空襲にも展開し、「戦争」を身近に引き寄せるストーリーが描けるようになると思われたのである。

しかし当時の沖縄は、本土教育者のその目論見とはかけ離れた状況にあった。一九四〇年代から被爆の現実を顧み得た広島・長崎に対し、沖縄の米軍統治の現実はまだ「あの戦争」に向き合うには厳しく、また「県民全員が直接の被害者である」ため、すぐにはその期待に応えることはできなかったのだ。それでも一九六〇年代後半、返還の議論が高まる中で封じ込められていた「沖縄戦の実相」を記録する関心が芽生えると、一九六七年に沖縄県史編集審議会が「一般住民の戦争体験の証言を記録する」活動を開始。その内容が七一年の『県史』に収録されると、多く

左:「白旗の少女」、右:「震える少女」(沖縄県公文書館所蔵「沖縄戦記録映像(1フィート運動の会収集)」より)

の沖縄の人々はようやく、そして初めて自らの経験を直視する機会を得る。

米国公文書館に保管されている映像の「買い取り」運動(=一フィート運動:一九八三―二〇一三年)につながる流れはここから始まる。その「会」を思想的に牽引した人物が、その後沖縄県知事を二期にわたり(一九九〇―九八年)務めることになる大田昌秀である。ジャーナリスト出身の大田は、社会心理学研究者に転じたのち、当初「沖縄と本土との意識の乖離」を主題に研究を行っていた(『沖縄の民衆意識』一九六七年)。しかし著作を重ねるうちに、彼のボキャブラリーに変化が表れる――一九七〇年を挟み、それまで用いていた「意識」という言葉が「こころ」という柔らかい表現に置き換えられていくのだ。それは、対象に距離を置く研究者の視線ではなく、自らの沖縄人としてのアイデンティティに根差したことば遣いに目覚めたものと言える(『沖縄のこころ』一九七三年など)。

きっかけは、米国留学時から個人的に集めた写真やフィルム資料だった。大田は「戦争と子ども」の関係にこだわった。大田は、最初に出版した写真記録『これが沖縄戦だ』（一九七七年）の表紙に「うつろな目の少女」（後に少年であったことが判明）の写真を用いた。一九八〇年に『戦争と子ども』を、そして三十年後にも『二人の「少女」の物語』（二〇一一年）という「子ども」に語りかける本を出している。そもそも一フィート運動の会の正式名称が「子どもたちにフィルムを通して沖縄戦を伝える会」であることも忘れてはならない。「会」が収集した映像には、後に沖縄戦のシンボルとして様々な映像作品に引用される「白旗の少女」「震える少女」ほか、数多くの「子どもたちの姿」を見ることができる。

言葉とイメージの隙間

大田の「子ども」に対する強い意識は、自身の「鉄血勤皇隊」の経験に根差している。徴兵年齢が超法規的に引き下げられ、最年少は十三歳からの少年が学校ごと動員された、その部隊の悲劇を直視した彼の主張は、戦場が「非人間的な場である」との告発からぶれることがない。最晩年の著作『沖縄鉄血勤皇隊』の冒頭で、大田は言う。「人生の蕾《つぼみ》のままあたら尊い命を無残に戦野で奪い去られてしまう姿を目撃した」「痛恨の思いは消し難い」（9―10頁）――大田は最年長の十九歳でこの隊の地獄を経験する。それだけに特別な思いがあった。

「文字通り九死に一生を得た私は、生き延びた意味について考えざるを得なかった」（318頁）と言う一方で大田は――「はたしてひとは、戦争の実相を誤りなく伝えうるのだろうか。私には、語り尽すことはとてもできない。戦場での個々人の体験はごく限られたものでしかない。個々人が戦争の全容を見通すことは不可能だからである。だが、そのこと以上に、むしろ戦争そのものが、適切に表現することばもないほど、非道な所業に充ちているからではないだろうか」(『総史沖縄戦』ix頁)とつぶやく。ここでは戦争を語る言葉と「イメージ」の乖離が語られる。

大田の「意識」から「こころ」への語彙の変化は、写真や映像といった「言葉にならないもの」を記録する媒体を求める気持ちに結びついていた。それはいくつも「写真記録」を出版した大田が、その主著『総史沖縄戦』の「あとがき」で、「書けば書くほど、逆に書き足りない一種のはがゆさ」を告白していることに表れている。その隙間を埋めるものが、まさに「子どもたちの姿」だったのである。未来を失い、地下に埋もれた彼らへの贖罪の気持ちから逃れることが出来なくなった大田は、戦後、それを語り継ぐべき相手としての「子どもたち」に出会ったとき、おそらく無意識に映像資料の中に「白旗の少女」のような、戦火を潜り抜け生き延びた「子どもたち」を探したのであろう。

大田は「こころ」という言葉を意識した(『沖縄のこころ』)とき、こんなことを言っている――「沖縄中部の屋嘉《やか》捕虜収容所にいれられたとき、わたしは、竹切れの先をくだいて筆をつくり、食事時に支給されるコーヒーを墨汁代わりにして、紙片や缶詰のふたなどに「新生」とか「再生」といった文字を倦むことなく書きつづけた。〔中略〕こんどこそ、みずからの人間的願望にもとづく主体的な生き方を求めて生まれ代わりたいと切実に願ったものである」（2頁）――戦争の「非人間性」を脱し主体的に生きる。そのシンボルが「子どもたち」だったのだ。「子どもたち」の像は、実際にコミュニケーションをつなぐ。すなわち「誰もがかつては子どもであった」記憶にその姿は訴えかけるのである。「一フィート運動の会」の初期の上映会を報じた新聞（一九八四年）には、「子どもたち」を意識した記事が並ぶ。「あの時、なぜ子供たちまで死なねばならなかったのか」（沖縄タイムス五月十七日）との嘆きが、終盤に映し出される「収容所の青空教室で学ぶ子供たちの澄んだ瞳」（琉球新報六月二十日）によって浄化され、「子々孫々に伝えたい」という意思を呼び覚ましたと言わんばかりに。

「一フィート運動」の収束

「一フィート運動の会（子どもたちにフィルムを通して沖縄戦を伝える会）」は、一九八三年十二月八日に発足、「未公開フィルムを三十八年間の眠りから覚して沖縄戦を知らない世代にその実像を伝えること」を目標に掲げ（「設立趣意書」）、三十年に亘り米国公文書館等から沖縄戦を記録した十六ミリフィルムの購入あるいは譲渡を受け、その上映活動を中心に、返還後の沖縄における多くの平和運動を牽引した。しかし「運営委員の高齢化、購入フィルムの保管、活用、事務局の維持、運動経費の捻出など、県民の浄財に依存した組織の維持、運営は困難な状況」となり、

「歴史的使命は終わった」と判断、二〇一三年三月十五日をもって解散。現在映像は、琉球朝日放送の手でデジタル複写され、沖縄県公文書館に収められている。

一フィート運動の収集映像は、長らく「沖縄戦」の視覚イメージを形づくる役割を担ってきた。初期は断片的な素材映像をそのまま上映していたが、「収集活動」が進むと、活動の軸はその素材を編集した「映画」制作、そしてその上映会を基点とした「平和運動」全般に移行していく。「一フィート運動の会」三十周年記念誌『未来への道標』には詳細な年表が記載されているが、それを見ると、後半の活動はやや停滞していたことがわかる。主要メンバーの高齢化もあったが、それよりも大田昌秀が、一九九〇年に知事に就任し、活動の多くが「草の根」から公的機関に移されたことの影響も少なくなかった。

特に、戦後五十年である一九九五年が一つの「区切り」となった。「一フィート運動の会」はこの年に、それまで収集した映像によって構成された自主制作映画第二弾『一フィート映像でつづる ドキュメント沖縄戦』（五十七分）を完成させ、各地で上映会を開いている。またこの年には沖縄県公文書館が設立され、「沖縄戦」終焉の地・摩文仁に出来た広大な追悼空間である平和祈念公園で「平和の礎」が除幕された。遡れば九一年、六月二十三日の「慰霊の日」が条例の改正によって休日として存続。摩文仁に沖縄県平和祈念資料館を建設する計画が立案されている（開館は二〇〇〇年四月）が、大田はこれらを知事として推進すべき一連の事業と捉え、取り組んだという。

二〇一三年三月の「一フィート運動の会」の解散宣言には「新たな平和運動を若い世代に委ねる」との言葉がある。しかし大田をはじめ、多くの関係者が鬼籍に入った今、その真意を聞くことは困難になった。二〇一九年五月、知人を介して、私は解散時の副会長だった石川元平《げんぺい》に会うことができた。私は思い切ってそのことを尋ねてみた。石川は「一フィート運動」が「子どもたち」を強く意識していた理由として、教職員組合が実質的な「会」のバックアップ組織だったことなどを挙げた。「平和教育」の推進が、そこに期待されていたのだ。

しかしそれよりも私は、石川が語った「沖縄のこころ」の話にハッとした。彼は古謝《こじゃ》美佐子の歌『童神《わらびがみ》』を引き、沖縄の人々は「子ども」や「女性」を、そもそもコミュニティの核をなす存在として、古来大切にしてきたことを語った。「シンボル化」していった〝サダコ〟、街の子・駅の子・必死に命をつないだ孤児たち、戦後も戦前・戦中の規範を生きた「少国民たち」、さらには時代の隙間に取り残された「戦争を知らない子供たち」、そして戦後第二世代、第三世代と続く――七十五年後の今に連なる、様々な「子どもたち」の姿を思った。

「誰もがかつては〈子供〉であった」という事実は、自らの内なる「子ども」に語り掛ける契機となる。それは、「戦争」における突出した弱者としての〈子供〉のステレオタイプに抗し、「語り伝える」者が、固定化した「物語」から自由になる道につながる。それはヤコブソン的に言えば、自らの記憶を投影するコンテクストとなり、「聞き手」にコンタクトし、コミュニケーションの回路を開くチャンスを拓く――体験者を中心として組織された「一フィート運動の会」

の歴史的使命は確かに終わったのかもしれない。しかしそこにはあながち「悲観すべき」だけではない、ポジティブな可能性もある。

式典にはなぜ子どもの言葉が必要なのか

死んだ「子ども」は、その時点で成長が止まっている。その無時間性が永遠性に転化し、「無垢」な〈子供〉のステレオタイプが生産されていく——しかし、そうした「子どもたち」は言葉を発しない。「子どもたち」ばかりではない。シンボルは自ら語らない——例えば、戦前・戦中における御真影もそうした機能を発揮してきた。

「語り部」たちの一方向的な発話も、「聞き手」の沈黙によって支えられてきた。その非対称性は、「大人」という立場の免責も保証する。ともすると「語り部」の強く自信に満ちた話しっぷりは権威を纏い、「無知」な「聞き手」を不安に追い込む。シンボル化がもたらすそうした「都合のいい」操作の中で、「語り手」は、気づかずにステレオタイプに自己を投影し、語る内容の正当性も得る。それは「教育」が時に纏ってしまう負の側面——「すりこみ」の強制とも親和性がある。

しかし生身の「聞き手」は、拙くとも言葉を持つ——大田昌秀知事が推進した様々な「環境整備」。そのひとつに六月二十三日の沖縄全戦没者追悼式における子どもたちの自作の「平和の詩」

の朗読がある。一九九二年に始まって以降、その評価は徐々に高まり、昨今では「式典」報道の中心をなすまでに至っている。初年度に選ばれた大仲（旧姓久貝）菜奈は言う――「ある先生が授業で言った『人間はえらい』って言葉に反発して、偉そうな大人になりたくないと思って、授業中にバーッと書き上げました」「当日、追悼式の場に立って読みながら、なぜか悲しみや怒りが襲ってきたんです。正体はよくわからないけど、いろいろな思いが。」（朝日新聞二〇一九年六月二十二日）――この言葉は、式典にはなぜ子どもの言葉が必要なのかを説明している。

沖縄の「平和の詩」は、小学生だけでなく、年替わりで中学、高校部門からも選出される。久貝は当時中学三年生だった。歴代の「詩」を振り返ると、比較的「年長」の「子ども」たちの作品には、激しい地上戦の描写や、集団自決、あるいは今日にまで続く基地問題などに向けた直接的な表現がみられる（朝日新聞二〇一九年六月二十日）。主管する平和祈念資料館の発表によると二〇一九年の第二十九回「児童・生徒の平和メッセージ」の応募数は小、中、高合わせて二千四百六十三点（図画、作文、詩の三部門）。抽象的な理念ではなく、沖縄においては「戦争のリアル」に向き合うことを厭わない「平和教育」の姿勢が見える。

広島の平和記念式典でも「子どもたち」は大切な役割を担っている。市長の平和宣言の後、二人の小学生が高らかに「平和への誓い」を叫ぶ。しかしその文面はどこか硬く、優等生的だ。広島市のホームページを見ると「本事業は、市内の学校を通して募集した六年生の意見作文をもとに、（傍点：筆者）選出した二十名により、『平和の歌声・意見発表会』を行い、その中から選ばれたピースサミット大賞二名が、こども代表として八月六日の平和記念式典で『平和への誓い』を世界に発信しています」とある。なんとなく大人の言葉が、介入している匂いがする。
長崎の式典では、小学生たちが壇上に立ち、永井隆作詞の『あの子』を歌う。

壁に残った　らくがきの
おさない文字の　あの子の名
呼んでひそかに　耳すます
ああ　あの子が生きていたならば

ここにも「死んだ子ども」の理想化が見える。でも現実の「子どもたち」は生きている。二〇一五年八月九日に放送されたNHKスペシャル『〝あの子〟を訪ねて～長崎・山里小 被爆児童の七十年～』は、長崎での被爆体験を手記に残した三十七人の子どもたちを追跡取材した。我々が本当に言葉を交わすべきかつての「子どもたち」は、現代を必死に生きていた。そこには「無垢」な笑顔はなく、「戦争よりも戦後がつらかった」と語る年齢を重ねた複雑な表情があった。

すずさんと二人の子ども

二〇一六年は、空前の邦画の当たり年だった。『シン・ゴジラ』『君の名は。』といった、二つの「パニック映画」が話題となったが、もう一つ、「戦争」を題材にしたアニメ映画がじわじわと人々の支持を集めた。『この世界の片隅に』である。十一月十二日にわずか国内六十三館での封切り後、徐々に上映館は増え、累計四百館に到達、二〇一九年八月八日には史上最長の連続上映一千日を記録する。また公共ホールなどでの上映会も数多く開催され、六十以上の国と地域にも「輸出」された。クラウドファンディングを活用し、制作資金を募ったことでも注目された。

原作者は、こうの史代。広島・基町の「原爆スラム」の人々を描いた『夕凪の街 桜の国』でも知られている。彼女は、厳しい時代にも穏やかな日常があったことに、丁寧に光を当ててきた。監督の片渕須直《すなお》は、その物語の淡々とした描写に「のん」(能年玲奈)の柔らかい声を重ねた。その結果「新鮮な」戦争映画が出来上がり、口コミに乗った。激しい戦闘や悲惨さを強調しない戦時下の「普段着の生活」像を求める動きは、この映画から火がついた。二〇一八年八月一日の『クローズアップ現代+ #あちこちのすずさん〜庶民がつづった戦争の記録〜』は、主人公「すずさん」に自らをなぞらえた多くの投稿がネットに上がるという現象を追った。

さらにブームは番組からの投稿喚起で拡大。二〇一九年八月十日にはNHKスペシャル『#あちこちのすずさん・戦争×アニメ×青春!』が放送され、祖父母の「戦争中の思い出」を、SNSにアップする若者たちの姿が報じられた。市井の小さな出来事に目を向ける——確かにこれまでの戦争番組の取材にはなかった動きであり、双方向メディアであるネットの普及があってそのものである。しかし健気で「無垢な」すずさんの姿が、ことさらに強調されれば、また大切な事実に覆いをかけることにもなりかねない――「戦争」の本質である理不尽さや残酷さへの「芽」は、こうした一見穏やかな「日常」の中で徐々に膨らんでいったのだ。

それよりも、あまり多くは語られていないが、私はこの映画に「戦争と子ども」に関する重要なメッセージが織り込まれていると考えている――すずさんは姪の「はるみさん」を空襲で亡くし、その時に自らの絵筆を握る腕も失う。そしてエンディング・シーン、爆心地に入ったすずさんは、母を亡くしボロボロになった「少女」を「拾う」。そして「はるみさん」の着物を着せ、家族として迎え入れる。このエピソードが加えられた意味を考える。この二人の少女と、すずさんのとり結ぶ関係こそが、このドラマの主題だったのではなかったか、と。

それを仮にここでは「内なる少女性」と呼んでおこう。外から大人たちが宛《あて》がった「子どもらしさではなく、彼女たち自身が暮らしを媒介にして共有していく「世界」の関係性がある――この「拾われた少女」は、戦後どのように生きたのだろうか。映画はそれをはっきりとは描かない。オープンエンドの結末は、我々が我々自身の手と足と眼と耳で、自らの生活の記憶を、細部にわたって辿っていくことを促しているのだ。「なぜ」と「だから」のショートカットに落ち込まないように。「語り手」なきアーカイブの時代は、その間にあるディテールを丁寧に拾い、「記憶」と「記録」を結び解釈を重ねる、そんな経験を我々に要求している。

第三章
「空白」を埋める――映像で出会いなおす「あの戦争」

一　資料の不在を疑う

「敗者は映像を持たない」

「敗者は映像を持たない」とは映画監督・大島渚の言葉である。戦後、ドキュメンタリー制作のために戦争の記録映像を探し求めた大島は、そのあまりの乏しさに呟《つぶや》く（『体験的戦後映像論』19頁）。しかしそれは本当なのだろうか。仮に一時はそうだったとして、それは今も続いていることなのだろうか。

古来、記録は失われる記憶の補完物であった。しかし失われる以前に、記憶が現実に追いつかないような状況においては、記録の存在なくして過去を振り返ることは不可能である。人類史においてまさに記録は、存在をつなぐ「命綱」の役割を果たしてきたのだ。わかりやすく言えば、「生きること」に懸命な人々が、事後的にその意味を得る手掛かりが記録であった。特に現代が生み出した視覚資料は、人の目を代理するものだけに、その役割は大きい。

ともあれ我々の「戦後」は、まずはそれが奪われた時代として始まった。国内では多くの公文書が処分され、戦勝国においては機密として封じ込められた。それは文書資料に限らず、映像についても同じであった。フィルムやレコードなど視聴覚メディアの普及期に重なる二十世紀の前半、多くのカメラマンが「戦争の実相」を様々な角度からフィルムに焼き付けた。国内のそれら視覚資料の多くは、極東軍事裁判の証拠として文書と同様にGHQに没収された。その没収資料の返還が始まったのは一九五八年。まずは文書からで、映像資料の最初の返還はなんと一九六七年。その第一陣は戦時中の劇映画、ニュース映画など千三百八十五本だった。

「映像なき戦後」を埋めたのは、没収を推し進めたGHQだった。戦後すぐに映画制作方針を指示し、作品をその下部組織CIE（民間情報教育局）とCCD（民間検閲支隊：一九四九年に廃止）の二重の厳しい検閲下に置いた。翌一九四六年にはアメリカ映画配給組織を開設、国内組織との協働で「教育映画」の普及を進める。一九四八年、CIEは全国自治体に一千台を超える機器とフィルムを無償貸与、十六ミリ映画による民主化促進プログラムを開始――これが映写機の名（National Company製）から「ナトコ」の愛称でも呼ばれた「CIE映画」事業であった。「CIE映画」は約四百本。その大半はアメリカで制作された。まずは「親米民主主義を根づかせる」ことを目的としていたが、その内容は公衆衛生や生活向上、科学、産業、国際問題、さらには娯楽まで多岐にわたる。対象も当初「成人」が想定されていたが、「映画を見る学童六百万人組織運動」や『映画教室』などの広がりも相俟って、観客は都市から辺鄙な農村にまで広がった。それはテレビ放送開始（一九五三年）前の、人々の心をとらえたのだ。

もちろん興行映画も、「黄金時代」に向けて息を吹き返していた。戦時中のプロパガンダ映画関係者が追放される一方で、弾圧に苦しんでいた人々が次々とシナリオを発表。それをGHQは「日本人の間にある民主的傾向を復活助長」させるものとして支持した。しかしその中の反戦平和を訴えるタイプの映画は、敗戦直後の一般民衆の気持ちとはややズレがあった。「反戦から厭戦へ」――元日本映画社社員として終戦期を経験した瓜生忠夫は、この悩ましい状況を『戦後日本映画小史』（一九八一年）に記している。

一九五〇年前後から黒澤明や溝口健二らの作品が国際的に高く評価されたことも相俟って、映画界は徐々に「黄金時代」を迎える。その中でいくつかの後世に残る「反戦映画」もつくられた。『また逢う日まで』（今井正、一九五〇年）、『きけわだつみの声』（関川秀雄、同年）、『原爆の子』（新藤兼人、一九五二年）、『ひめゆりの塔』（今井正、一九五三年）――この流れは一九五九―六一年に映画化された五味川純平の小説『人間の條件』三部作に行きつく。しかし瓜生は「〔その〕後、戦争を直接扱って反戦平和を力一杯訴える作品は出なくなった。戦闘を遊戯化して描き、戦争を知らぬ世代に、侵略戦争の反省を失わせ〔中略〕ただのドンパチ刺激にしてしまう作品が平気で現れるようになった」(101頁)と嘆く。

瓜生は、レッド・パージや朝鮮戦争勃発の影響からこの動向を分析するが、それよりも感性に訴える映画本来の「娯楽性」を考えるとやむを得ぬ流れであったともいえる。しかしたとえどちらに作品のトーンが向かおうと、その参照すべき対象は、戦争の時代を生きた人々の「頭の中にあるイメージ(記憶)」の範囲にとどまっていた。「映画」が「あの戦争」を捉えるためには「記録」が必要だった。だが、それは一九六七年の映像の返還までは不可能だった。

大島渚が、牛山純一とともに『大東亜戦争』というテレビ向けの作品を制作したのは一九六八年。戦中の国策映画会社「日本映画社」と連合軍側が撮影したフィルムのみで構成されたこの映像には、タイトルの後、次のようなテロップが表れる——「このフィルムは、すべて大東亜戦争当時、撮影されたものである。言葉、音、音楽もすべて当時、日本人によって録音されたものである。外国から購入したフィルムも、すべて当時の日本人の言葉でつづった。これは、私たち日本人の体験としての大東亜戦争の記録である」。大島が「敗者は映像を持たない」の一言をエッセイに記したのは一九七三年(TBS調査部『調査情報』に連載)。それは、編集を行った大島の偽らざる実感だった。

原爆映像の行方

大島は終戦映像について言う――「厳密に言うと使いものになるカットは一つしかない。それはイガグリ頭で眼鏡をかけたゴツイ学生が正座して礼拝しているフル・ショットである〔略〕とりあえずこのカットが終戦というシーンのために所有している唯一の映像である。私たちの終戦は、映像のない終戦であった」(『体験的戦後映像論』19―20頁)。

「〔原爆から、マッカーサー厚木到着までの〕そのちょうど中間の時期、日本にはフィルムがなかったのだ。いやフィルムはあったのかもしれないが、撮ろうという意志がなかったのだ」――実際どうかは別にして、少なくとも大島はそう感じていた。大島が『大東亜戦争』を制作し、映像の空白を嘆いた一九七〇年前後に、機密あるいは没収資料の大半は、まだ公開されていない。国内における資料発掘も、「記憶を封じたい」人々が多数いる中で進んでいたとはいいがたい。そうした状況で、この「敗者は映像を持たない」という警句の反響は新聞の時評を介して広まった。それが戦後に漂う無力感やペシミズムに、お墨付きを与えた側面は否めない。

しかし映像は実際にはあった。例えば、瓜生忠夫は消えた原爆フィルムについて「のちのちのために」と題した備忘録を残している(『戦後日本映画小史』3―20頁)。そこには、日本映画社の柏田・柾木という二人のカメラマンが、原爆投下直後広島に撮影に向かい、翌々日の様子を撮影。そのフィルムが一千フィート(十六ミリで約三十分間)存在し、GHQによって持ち去られたまま「行方不明」になっていることが記されている。そしてその「註」の部分にもう一人、広島のアマチュア・カメラマン河崎源次郎が八ミリカメラで被爆当日の様子を撮影していたことが「最近判ったこと」として付け加えられている。

中国新聞もこうした「幻の被爆映像」を追っていた。二〇〇九年三月二十九日の記事によると、この時点で少なくとも五本存在していたことが確認されている。また興味深いことに、河崎が「一九六三年一月十八日」に撮影した映像を原爆資料館に寄贈した記録が残っている。しかし現物の所在はつかめていない。その後米軍に没収されたのだろうか。中国新聞は「寄贈時からみて〔六〇年代になって新たに没収されることは〕当たらないだろう」としている。

しかし重要な点は、こうした「被爆の実相を撮影した」事実が、終戦からかなりの年月を経てから判明することにある。意図して隠していたものもあろうが、そればかりではないだろう。「記憶」と同様に「記録」も、その姿を現すのに時間を要するのである。ここに我々は、「記憶」を補綴《ほてつ》するという役割にとどまらない「記録」のありようを見ることができる。原爆投下直後、日本映画社の二人は、上司の指示を受けて現地に飛んだのだろう。しかし広島の住民・河崎源次郎は何が何だかわからないままカメラを手に取ったのではないか――すなわち「記録」は、強い目的意識や使命感をもって残されるものばかりとは言えないのだ。

しかも、瓜生は先の備忘録の中で、興味深い一文を残している。

柏田氏は、広島に落とされたのが原爆とは知らなかった。だから、被災地を見て、いつもの空襲とはちがうなとは思った――例えば〝黒い〟ものは、みんな焼けてなくなっている、と彼はケゲンな顔でわたしに報告した――が、ニュース・カメラマンとして、空爆被災地や死体にはなれっこになっていたので（それは、わたしなどもおなじであった）こんな広島の状況を撮影して送っても、どうせ『ニュース』には使ってはくれまいと判断したのである（5頁）

つまりこういうことだ。プロであれアマであれ、あの「原爆」が何かわからずにカメラを回していた――そのことを踏まえると、大島渚が「ない」といったのは、映画監督的な目的意識のもとに撮影された、「使える」「欲しい」ショットのことだったとわかる。柏田は大阪に帰ってデスクの瓜生にフィルムの量を「二百フィート」と報告したという。瓜生はそれを「使える部分」と解釈している。ではそれ以外の部分には「記録」としての価値はないのか――そうではないだろう。また広島で、惨状にカメラを向けたアマチュアは河崎だけだったのか。そう断言することもできない。まだどこかに眠っている可能性はある。

瓜生は、この備忘録（「のちのちのために」）の初出を一九六八年七月二十二日、二十九日としている（『東京大学新聞』に掲載）。そこには前年のアメリカからの返還映像第一陣のインパクトの大きさが表れている。実際、それを契機に「幻の記録フィルム」探索の思いに火がついたのだろう。但し瓜生は、それらは「アメリカ政府のいちばん奥深いところ」に集められていると推察していた。だから瓜生は言う――「原爆フィルム一切の返還要求運動が起こされなければならない」(17頁)。ちなみに瓜生が『戦後日本映画小史』を刊行した年は一九八一年。その前年(一九八〇年)に広島の市民による返還運動(十フィート運動)がスタートする。

小型映画の誕生

「戦争の世紀」は「映像の世紀」でもあった——それは多くの論者によって指摘されている。フリードリヒ・キットラー『グラモフォン・フィルム・タイプライター』(一九八六年)、ジル・ドゥルーズ『シネマ』(一九八三年)などがその様相を記したように、メディア技術は人間の見る/知る欲望を肥大化させながら発展した。二十世紀の「戦争」が、情報戦そして総力戦として拡大していったのは、まさにそこに生まれた映像と通信が上から人々の眼差しを束ね、権力を支える機能をもつことの発見があったからだが、しかしそれだけではまだコインの片面を見たにすぎない。

黎明期の「映像」は、実は今日の想像以上に、権力の手から離れたところにも数多く、草の根的に遍在していた——これは大島渚の時代にはまだわかっていなかった事実である。特に戦前(一九二〇年代)から終戦期に至る時代の豊かな映像記録が、近年少しずつだが発掘され、文書とは読みが異なる「感性史資料」としての可能性が注目されるようになった。

映像システムは、一八九五年にリュミエール兄弟が世界初の映像作品を上映して以降、興行市場と並行して小型化（「小型映画」）による普及が進む。その中でも一九二二年にパテ・フレール社（フランス）が発売した九・五ミリフィルムは、瞬く間に世界市場を席捲した。パテ・フレール社は一八九六年設立。もともとグラモフォン（蓄音機）を取り扱う店だったが、一九〇二年にリュミエール兄弟から特許を買い取り、一九一八年に映画部門を独立。機材やフィルム生産に加え、大規模な現像工場、撮影所、劇場の経営、配給網整備も行い、映画の「産業化」に寄与。さらに家庭を巻き込んだ「映画市場の創造」を企てる。

映画館に足を運んだ人々は、その「わくわく感を家でも」と思うだろう——そこで小型フィルムと映写機で、複写した人気作品の販売を開始。やがて人々の「自分でも撮ってみたい」の声に応え、手廻し式カメラを発売。誰もが「撮って、映せる」システム、「パテ・ベビー」が出来上がる。

このシステムは「映画」というメディアを介したコミュニティを創造する。この小ささ、すなわち手のひらに収まるサイズは、人々の親密な関係を阻害せずに生活に入り込んだ。そこに、撮る者、観る者、撮られる者のロールプレイ（役割演技）関係が生まれ、「パテ・ベビー」を中心に親密な小集団が形成されるようになる。この市場をベースに、一九三〇年代になると、被写体を比較的鮮明に撮影できる十六ミリ用カメラの小型化も進み、それがセミプロ的映像文化を形成、映像とジャーナリズムとの出会いを刺激した。ここに家庭用から興行用までを貫く、映像文化の階層構造が出来上がる。

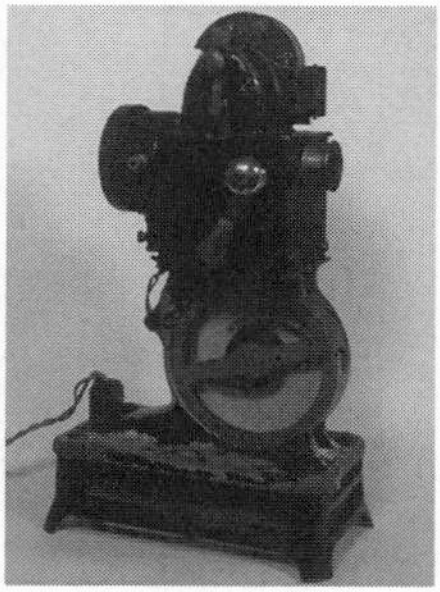

上段　左：パテ・ベビーカメラ　右：映写機
中段　左：愛好会雑誌『ベビーシネマ』表紙（東京ベビーシネマ倶楽部）　右：撮影会の様子
下段　左：カメラに収まる家族　右：上映会の様子（吉川速男『パテーの第一歩』〔1931年〕口絵より）

最近まで「映画」と「戦争」の関係は、興行映画のプロパガンダ性を中心に論じられてきた。しかしそれは、大衆を単純に「メディアの受け手」側に置いた物語にすぎない。実際の黎明期の映画の世界は、その規格の数だけ多様であった。それが「戦争」に向かっていく撮影者、映像の被写体、あるいは観る者各々の心性を映し出していた。特に小型映画に視点を定めると、その周囲には単なる「無辜《むこ》な市民」を想定するだけではいられない複雑さが現れてくるのだ。

当事者の視覚を記録する

国内での小型映画とジャーナリズムの出会いを論じるとき、避けては通れないのが「プロキノ（日本プロレタリア映画同盟）」の存在である。きっかけはプロレタリア芸術連盟に参加していた佐々《さ》元十《さげんじゆう》らが、一九二七年の東京メーデーをきっかけに九・五ミリ用カメラを手に記録映像を次々と撮り始めたことだ。佐々は一九二八年六月に「玩具・武器——撮影機」という論文を発表し、そこで「小撮影機が『日常的持ち込み』の使命を果たしうるか否か」（並木晋作『日本プロレタリア映画同盟（プロキノ）全史』35頁）の一文で、小さなカメラだからこその、当事者による、出来事の「中から」の記録可能性について言及している。

「プロキノ」メンバーは、その後十六ミリ用カメラに持ち替え、さらに一九三〇年以降は、不特定多数への強いメッセージ発信を求めてスタンダード・サイズ（三十五ミリ）に主戦場を移す。そして、徐々に激しくなる弾圧を受け、一九三四年に解散となる。しかしセミプロ（半アマチュア）として高い技術を備えたメンバーの多くは、その後の映画産業界に籍を置くようになる。佐々が指摘した「手持ち」カメラの優位性は当たり、十六ミリの小型化、「アイモ」と呼ばれたアメリカ製三十五ミリ用のハンディカメラの普及を経て、活躍の場が広がったのだ。

戦後に日本映画社の制作部長となる岩崎昶《あきら》ら「元プロキノ」の人々は、その歴史の中で映像に記録を残す行為の悩ましさを、身をもって体験した。特に、「プロキノ」解散年の一九三四年が、「ニュース映画」発展の始まりである意味は深長である。大衆が自らの生活圏を超え、「はるか遠く」の世界を見通す欲望を自覚し始めたのは、朝日、読売、毎日の新聞三社が本格的な映像報道競争に突入するこの時期からであり、満州事変（一九三一年）後の政策は、外地に対する関心を大いに刺激したのだ。それは、大陸派兵で離ればなれになる家族や、貧困に喘ぐ農村の人々にとって、おそらく初めて「自分ごと」として捉えた遠方の情報であった。

しかし各社の「ニュース映画」のピークは、国策報道機関である同盟通信社が参入した一九三七―三八年あたりまでである。それ以降は物資不足も相俟って（思想を含む）統制が強まる。映画制作の「主原料」であるフィルムも、そうした不足物資の一つであった。その影響は避けがたく、悪化する経営の中で業界四社が統合。同じく国策の下に「日本ニュース映画社」が一九四〇年四月に誕生（翌年五月「日本映画社（日映）」に改組）する。一九三九年十月に施行された「映画法」で、業界は完全に管理下に置かれるが、日映は専ら当局の指示する映像を流通させ、生き延びる。

この『日本ニュース』の映像は、その多くが戦後ＧＨＱによって没収される。しかし一九六七年の返還第一弾以降、新たな発見も加わり、一九八〇年には一九四五年末までの全二百六十四号（二百七十八本）が十四本を除き揃う。毎日新聞社は『別冊 一億人の昭和史 第二十五号』としてその全サムネイルを紙媒体に著し、映像自体はＮＨＫに移管。現在は「戦争証言アーカイブス」(https://www2.nhk.or.jp/archives/shogenarchives/jpnews/list.cgi) の中で公開されている。従来、プロパガンダの道具とばかり考えられていた戦時期の「ニュース映画」も、定期的な制作物であったという前提を踏まえて丁寧に見ていくと、その中に様々な情報が織り込まれていることがわかる。一本一本を完結した作品ではなく、束ねて距離を置いて眺めると、個々の映像をつなぐこの時代の心性が見えてくる。

この毎日新聞の『別冊』には瓜生忠夫も寄稿している（「国策映画・日本ニュース小史」）。そこには、日米開戦期からの日映のカメラマンたちの活躍が記されている――従軍し、部隊の「内側から」、当事者として戦争を撮影するカメラマン、そこには「元プロキノ」メンバーもいた。フィリピンで戦死した上田勇もその一人である。瓜生によれば、上田は「皆既日蝕観測」（六十九号）「新作能〝忠霊〟」（七十五号）などの作品の中で（521頁）、被写体の選択をもって映像に批判を織り込む表現を残そうとしたと言う。それは単純にプロパガンダの文脈には回収されない。

とりわけ、終戦をまたいで撮影された映像は興味深い。玉音放送後の最初の『日本ニュース』

1945年の『日本ニュース』。上段：「聖断拝す」（255号）、下段左：「米軍進駐」（256号）、下段右：「原子爆弾 廣島市の惨害」（257号）より

は九月六日（二百五十五号）封切。画面いっぱいの「脱帽」「聖断拝す」字幕で始まり、大島渚が言及した「イガグリ頭のゴツイ学生」がクローズアップされ、宮城前でひれ伏す人々を映している。十二日（二百五十六号）には、「米軍進駐」と題してマッカーサーの到着を伝え、そして二十二日（二百五十七号）は「原子爆弾 廣島市の惨害」と題して、一面の廃墟と化した被爆地の光景を報じている（但しこれが柏田・柾木のカメラによるものかは同定されていない）。この後、旧体制のまま「日本ニュース」は年末まで七本の映像を制作し公開する。

「終戦」を挟むこれらの映像に我々は「時代の断層」を見出だすことができるだろうか——むしろ時系列で追うことが出来

る媒体だけに、「変化」を前に、必死に身を安定させ、眼差しの連続性を保とうとした当事者たちの平衡感覚が映し出されているとはいえまいか。

従軍カメラマンが写したもの

戦時中のニュース映画の編集の基調となるコードは、もちろんプロパガンダにある。それはまずもって「勝利」を伝え、国民の戦意高揚を図る目的から外れるものではない。しかし、それを実現するためには映像素材が供給されねばならない。そのために多数のカメラマンが従軍し、フィルムを運んだ。それは当然ながら命の危険をはらんだ任務で、十五年に亘るアジア・太平洋戦争中に亡くなったニュース映画カメラマンは五十人を超えると言う。

ニュース映画は、あくまでリアルな被写体なしには映像を作れない。この大前提に縛られ、制作者はいくつもの矛盾を抱え込むことになる。そもそも大衆は勝手である。当初は「勝った、勝った」で溜飲を下げていた人々も、毎度同じような物語や構図では飽きが来る。四社競合時代から、「日本ニュース」への統合の背景には、そうした気まぐれな「受け手」心理への対応もあった。日米開戦後の太平洋戦線への従軍は、大陸の一日千秋の如き風景と、「勝利」映像のマンネリを打破する狙いもあった。従軍が許可されない機密作戦では、素人がカメラを扱い、その手振れショットも映像に緊迫感を加える効果を発揮した。

一九四二年末のガダルカナルの敗戦に始まる戦局の悪化以降、それを隠したい当局は検閲をますます強化する。しかし「ニュース」を成立させるために、素材を選り分ける余裕はない。人々の表情の険しさも加わり、次第に映像は「攻勢」から「守勢」に転じていく様を映し出すようになっていく。「撃ちてし止まむ」のスローガンの頻出（百四十二号〔一九四三年二月二十四日〕、百五十八号〔一九四三年六月十六日〕）など、緊張感は見る者に伝わっていく。

戦況を避け、フィリピンやビルマの独立など「植民地解放」の理想の実現を訴える映像もこの時期には多い。しかしその陰で百七十七号（一九四三年十月二十七日）の「学徒出陣」を機に、いよいよ前線からの映像は減り、国土防衛に備える人々の姿が画面を埋め、敗戦に向かう流れは隠せなくなる。映像は、嘘はつけない。だからこそ、大島渚はこれらの映像を再編集し、戦後の人々に向けた作品として『大東亜戦争』を作りえたのだ。

大島渚は、『日本ニュース』などの没収映像に加え、連合軍側の映像も用いている。それは彼にとっては、「敗者が持ちえない映像」の意味もあっただろう。しかしそれが可能だったのも、両軍がそれぞれカメラマンを従軍させていたからである。戦後五十年を経て、米国公文書館等にあった多くの資料の機密が解かれて以降の「戦争」のドキュメントは、このような組み合わせでつくられた。従軍カメラマンたちの映像は、砲弾飛び交う前線に、戦後世代の我々がタイムスリップするための素材として、新たな命を吹き込まれたのだ。

二　銃後の生活——小型映画と戦時体制

九・五ミリの日常性

映像テクノロジーが大衆に開かれた一九二〇—三〇年代は、それまで自らの目と耳の届く範囲で世界を認識していた人間が、機械の力をかりて一気にその対象を広げた革命期と言える。同時にそれは、メディアの情報に戸惑いと希望を一緒くたにして委ねる毎日の始まりと言える——基本的に、それはおよそ百年後の今日も同じだ。しかしこの時代の人々の方が「マスメディア」の洗礼を受けていない分、純粋に技術とメディア表現の密接な関係に向き合っていたのかもしれない。日本の九・五ミリの愛好者コミュニティは、まさにそんな集団であった。

一九二三年、出雲町の貿易商、伴野《ばんの》文三郎は日本橋三越で初めて「パテ・ベビー」を展示し、その翌年販売を開始する。もともと伴野は第一次大戦後既に、パテ・フレール社社長のシャルル・パテと親交を持ち、藤山雷太（日本商業会議所連合会会頭・大日本製糖社長）に同社の技術の移植と、興行用三十五ミリも含めたアジア地域における製造販売契約を持ちかける（『パリ夜話』）。関東大震災でこの構想は白紙となるが、それ以降は、パリから帰国した伴野自身が旗を振り、国内での家庭用映像機器の普及を進めていく。一九二六年には愛好会組織「東京ベビーキネマ倶楽部」を立ち上げ、機関誌を中心にコンテストや撮影旅行など様々なイベントを展開するまでになる。

日本国内で「パテ・ベビー」文化が花開いたのは、愛好会の発足から、「其筋の命により」機関誌を廃刊する一九四〇年十月までのわずか十四年。そのうちメンバーが盛んに交流し、技術を深め、作品を次々発表したピークは一九三四年頃まで。「倶楽部」は様々な団体や学生サークルを吸収合併し、会員数十万人の全国組織（「全日本パテーシネ協會」）となった。しかしそれ以降は国産十六ミリの「さくら小型映画協会」との競合が激しくなり、また輸入フィルムが入手困難になり、活動は尻すぼみとなる――このあたりは「プロキノ」の盛衰、あるいは「ニュース映画」の歴史と重なるところである。

しかし僅かな期間ではあったが、戦前―戦中期の人々がこの映像システムと出会い、映像に対する主体性が目覚めた意味は大きかった。愛好会では、現像から編集までをできる限り自分の手で行うことを推奨していたため、会員同士の情報交換が不可欠になる。会の初期からのメンバーで、特に技術面の寄稿を盛んに行っていた吉川速男《はやお》は、初心者向けガイドブック『パテーの第一歩』（一九三一年）の扉ページにおいて、このように言う。

一方十六ミリも我が国に於て盛大なる発展を遂げましたが、あらゆる操作が利き、且つ費用の低廉なるパテーは何事も自ら行はねば気が済まぬといふ研究心の旺盛な我が日本人には依然最も適するものと考へられます。（「パテー小形活動写真と私」）

吉川ら中心メンバーの熱い思いは、多くの同好の士を刺激し、撮影場所や対象、光学・視覚技術を広げた。そこに大阪の森紅《くれない》、東京の荻野茂二《しげじ》（後述）などの市井の巨匠たちが次々に誕生し、愛好会は表現の可能性を追求する場となった。

コンテストには興行映画に範をとった物語作品や、ニュース、ドキュメンタリーも集まったが、それよりも彼らは「日常生活」に好んでカメラを向けた。逆にいえば、撮影行為を通じて写すべき対象を見出していったのである。「家族」「地域」「学校」「団体旅行・視察」「祭り・娯楽イベント」「運動会・スポーツ大会」「買い物」「モノづくり・労働」そして「軍隊関連行事・演習」が盛んに撮られた――最後を除けば、これらの被写体は、今日のホーム・ビデオとほぼ同じだ。むしろそこに「軍の行事」が入り込んでいたことに、時代を読むことができる。

防空思想のポジとネガ

二〇〇八年、財政破綻後の北海道夕張市で資料調査を行っていた私は、石炭博物館に所蔵されていたＶＨＳテープの山の中で貴重な映像に出会う。それは、元々は九・五ミリで撮影された『夕張町防空大演習』（一九三二年八月二十日、二十一日撮影）をダビングしたものであった。

まず、その内容をざっと拾ってみよう――。

冒頭に字幕が延々と続く。その時間、一分四十秒。監督、撮影者名、主催者「夕張町防空普及会」、演習参加団体「第七師団現役兵」「夕張町各在郷軍人会」「夕張町各官衛」「夕張町各炭鉱會社」「夕張町各公立消防」「夕張町各私立消防」「夕張町各火防組合」「夕張町衛生組合」「夕張町各新聞社及支局」「夕張町各男女青年團（団）」「夕張町各青年訓練所生徒」「夕張町少年團」「其の他」「防空演習参加人員総員数六千四百八人」。そのあとは「想定」説明。北海道を「甲國」本州を「乙國」として、交戦状態にある設定にも驚くが、その襲来に対し「憂國の至情に燃ゆる全空知《そらち》住民は奮然蹶起《けっき》して國防義勇軍を編成し空知支廳（庁）管内國土の防空に任せんとす」との字幕。その後、敵機航路をアニメーションで描く。ここまでで四分二十九秒。

ようやく実写映像が始まる。だが高射砲迎撃演習の模様が僅かに現れたあとは、六分四十秒から延々と記念写真的な本部責任者紹介が続く。一通り「名士」が登場したあとは『工場の出口』（リュミエール作の世界初の「映画」。工場から出て来る人々を映した一分足らずの作品）のように、本部から各団体が配置へ向かう様子が定点から映される。そして十分四十秒になってようやくドキュメントらしい動きのあるシーン（「通信班の活躍」：伝書鳩による伝令など）が約三分半続き第一巻が終わる。その後、第二巻として町の角々で行われる演習の模様が流れ、二十三分〇〇秒に演習終了。その後は閲兵から中心街の行進のシーンが二十八分五十四秒の「完」まで延々と続く――これがその内容である。

きちんと編集が施されてはいるが、今日我々が慣れ親しんだような物語展開はなく、初めて見たときは面食らった。アマチュアにも、興行映画との接点はそれなりにあったはずで、その点でいえばこの『夕張町防空大演習』は、当時の感覚でも「いびつ」な構成といえるだろう。その編集意図は、どこから来たものか。そこでまず、この演習の主催団体である「防空普及会」に注目してみる。その存在に手掛かりを見出すことはできないだろうか。

戦前から戦中期における住民組織では、日露戦争を機に創設された「在郷軍人会」がよく知られている。藤井忠俊によれば、いわゆる予・後備役者を対象としたこの組織は、「軍隊的価値観と民衆的価値観との間」に置かれてはいたが（『在郷軍人会』）、積極的な相互浸透を支えるもので

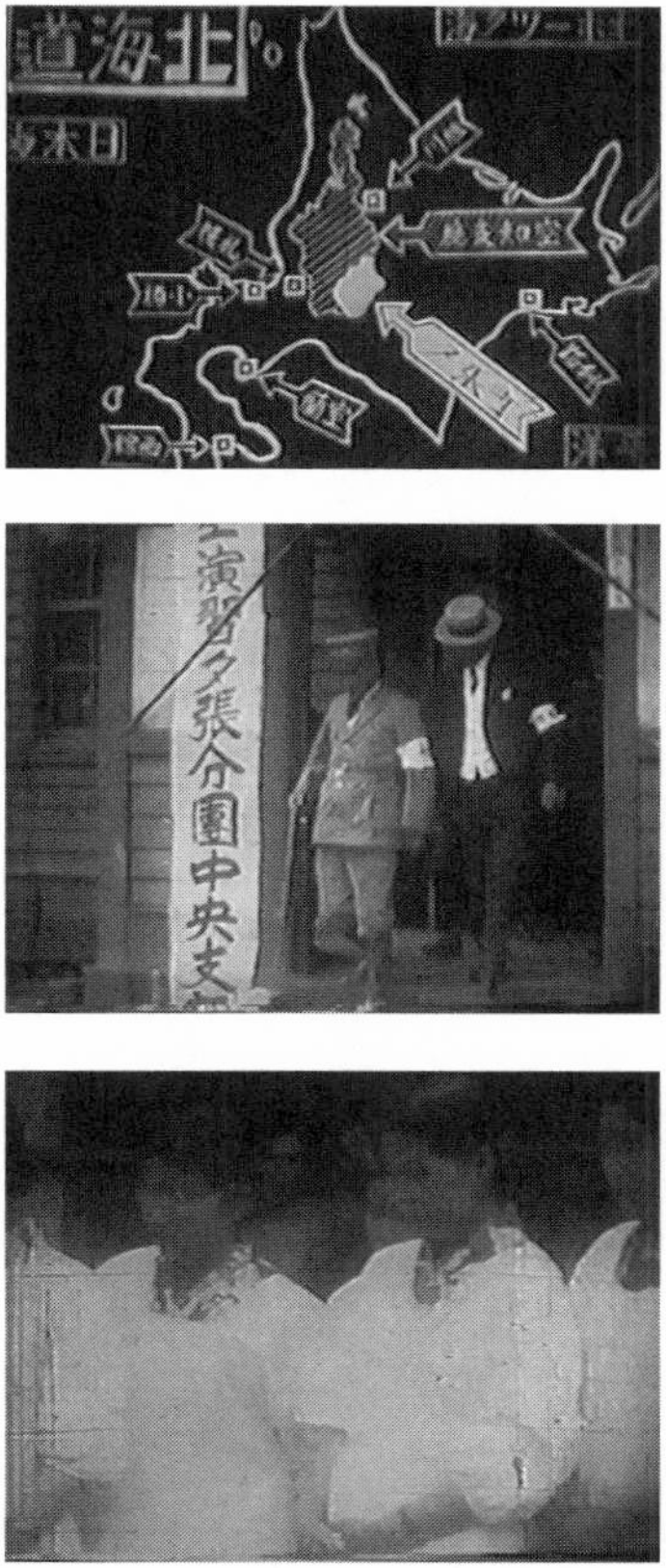

『夕張町防空大演習』（1932年）より

はなかった。藤井はそれよりも一九三二年の「国防婦人会」の発足に注目する。「防空思想」は、「献金運動」とともに、その組織化の核を担うものだった（『国防婦人会』）。

「満州事変」に始まる大陸侵攻の初期には、まだ戦死の報は少なかった。そんな中、市井の人々の純粋な兵士たちへの「心配」は、マスコミが用意した「爆弾三勇士」（上海事変）などの「神話」より、まずは遠く離れたかの地に思いを馳せ、小さな行動を促すような生活心理と結びついたのである。その社会現象化は、最初は「お守り札」「慰問品（袋）」を戦地の出身兵士に送る運動だったものが、やがて大規模な「献金現象」となって全国に伝播する。

「献金」は具体的な用途を指定し募られた。初期は「鉄兜」が主であったが、徐々に「新兵器献納運動」に発展していく。その「新兵器」が、飛行機である――だがその民衆の心情の訴求は、両義的であった。人々は戦地の兵士を「力づける」ものとして「献納」したが、一方でその飛行機が実際に上空に姿を現すと、人々は「不安」を募らせた。こうして「愛國」の精神が「国防」への関心と背中合わせに育っていく。それまでは上からの宣伝による抽象概念に過ぎなかった「国防」に、飛行機の実在がリアリティを与えたのだ――「防空思想」の誕生である。

満州事変以降、「防空演習」は全国各地で積極的に行われたが、『夕張町防空大演習』の映像は、その初期のかたちを我々に見せてくれる。撮影時の夕張では「国防婦人会」はまだ組織されてはいない。しかし「防空普及会」を中心に域内各団体が連携していく背景には婦人たちの支えがあり、そこには人を動かす「思想」の力があったことは推し量ることができる。

翌一九三三年の国際連盟脱退を機に、「防空思想」はさらに具体化の道を進む。黒田栄次『空襲下の祖国』（一九三四年）には、「空に弱い日本」「我れ若し空襲を受くれば」などの国際情勢における危機感が謳われ、「局地防空に就《つい》て」の章には、「積極的防空」「消極的防空」の二面に分け詳細な手順が記されるに至る。そこに挙げられた「防空監視隊」「照空隊と聴音機隊」「防空飛行隊」「高射砲隊」「高射機関銃隊」「阻塞気球」「警報」「燈火管制」「偽装及《および》遮蔽」「消防」「防毒」といった項目のいくつか、特に監視から警報発令までの流れ、高射砲隊の動きは、夕張の映像の中でも十分確認することできる。

奉仕活動の笑顔

地域の人々が様々な団体に組織され、その連携を「行事」が推し進める。その参加は高揚感を刺激し、不安と背中合わせの複雑な感情が形成され、総動員体制の「規範」に引き寄せられていく――『夕張町防空大演習』の映像が見せる各シーンの繋がりの悪さは、そうした人々の心のぎこちない動きを表しているようにも思われる。

さて、時代は下り一九三〇年代後半になると、小型映画の主流は九・五ミリから十六ミリにシフトし、作品にも国威発揚のトーンが強くなっていく。それは「パテ・ベビー」的な自由で趣味的なコミュニティから、国策会社を母体とした「さくら小型映画協会」へのこの時期の主導権の移行と同期している。そのような時代の十六ミリフィルム群が、二〇一七年一月、福島県須賀川《すかがわ》市で見つかった。市立図書館の建て替えに伴い、担当者から「処分に困った十六ミリフィルムがたくさんあるので見て欲しい」との知らせを受け、訪ねたところ五本の戦前映像が発見されたのだ。フィルムはいずれも状態がよく、直ちにデジタル複写に回した。

箱書きには「須賀川町立第一小学校創立七十年記念」の文字があった。同小学校は前身の私塾が明治二年（一八六九年）の創立であることから、映像は一九三九年（昭和十四年）の撮影であることが判明（後に映像においても確認）。『夕張町防空大演習』に続く時代（防空思想普及期）の空気を伝える映像であることがわかった。学校行事や生徒たちの様子を記録したもの（授業風景や健康診断、体操などの学校の日常、創立七十周年式典および七十周年記念相撲大会、修学旅行、奉仕活動など）の外に、『盡忠報國《じんちゅうほうこく》』『満州だより』と題されたものに注目した。小学校の「創立七十周年」映像も資料価値は高いが、特に『盡忠報國』は、『夕張町防空大演習』との関係を考えさせられる内容であった。

『盡忠報國』とは、須賀川町内各地区の勤労奉仕団の団旗に記された文字である。「国家に忠義・忠誠を尽くし、その恩に報いる」意を表すこの四文字は、文部省編集・監修の『学制百二十年史』によれば、「日中戦争の全面化とともに昭和十二年八月政府は、従来の教化総動員を更に強化して国民精神総動員を決定し、挙国一致・尽忠報国・堅忍持久のスローガンの下戦争に向けての国民生活の全面的組織化を推進した」ことと深く関係している。

しかし映像は「動き」が少なく、大半は『夕張町防空大演習』同様、集合記念写真的なショットで構成されている。その単位は「守谷館」「池上町」「四丁目區〔区〕」といった町内会であり、男女数十人の混成組織となっている。男性たちの作業着がまちまちであるのに対し、婦人たちの姿の統一性は目を引く。やや年齢の開きはあるが、皆「割烹着」を身につけ「国防婦人会」のたすきをかけている。この奉仕活動の目的が「町営グラウンド」整備であることも注目すべき点だ。直接の軍事施設建設ではないが、おそらく非常時には滑走路等に収用可能な土地を用意する必要があったのだろう。住民の福利厚生の向上と統制とが表裏一体となって進む様子が窺える。

この作業記録がスチール写真ではなく、ムービーである価値は、集う人々の互いに微笑みを交

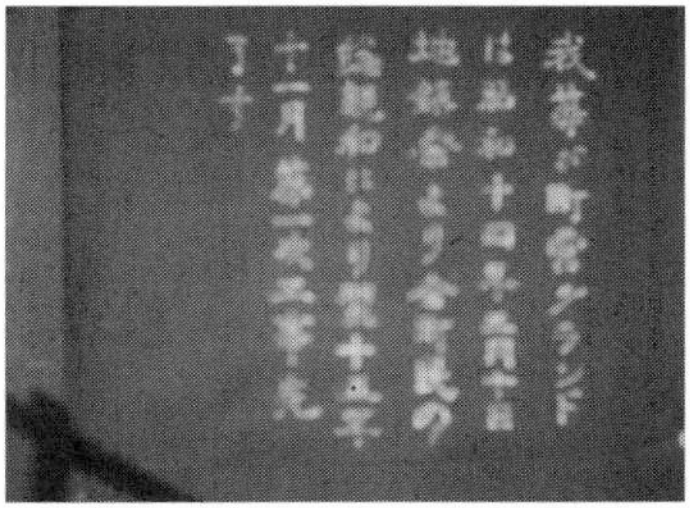

『盡忠報國』(1939年)より。下段の字幕には「我等が町営グランドは昭和14年2月10日地鎮祭より全町民の総親和により翌15年11月第1次工事完了す」とある

わし合う姿に表れている。『盡忠報國』という価値観を得たことによって、労働が生み出す「汗」に「奉仕」の意味づけが行われ、喜びとなって受容される。藤井忠俊は「国防婦人会」を、「愛国婦人会」や「在郷軍人婦人会」等とは異なる、ボトムアップの「社会現象」としているが（『国防婦人会』60頁）、それはトップダウンの「お墨付き」が与えられることで強化されるのだ。「パターナリズム（父権主義）」と「国民感情」の一体化の瞬間がここにある。

このとはいうものの、この集合映像が次々と同じように映し出される必要はあるのだろうか。この点は『夕張町防空大演習』にも共通する奇妙さである。しかし、この点も、被写体である彼らの「笑顔」からの推測は可能であろう——すなわち、彼らは写されることを強く意識してカメラの前に立っているのである。戦前の小型映画では、「家族」と同様、このような地域の「行事」は一般的な題材となっているが、被写体のはにかむような笑顔でカメラをのぞき込む表情は、今日のビデオカメラへの態度とは明らかに異なる。急速に普及が進んだとはいえ、まだ珍しく、生活における「異物」であるカメラ。しかもそれは僅か十数センチ四方の立体。その「小さな対象」に、視線を意識して集中させるという行為は、協働体験として促されていたのだ。

小型映画で重なる日常

『夕張町防空大演習』と『盡忠報國』。全く別の土地から発見された二つの映像の共通性は、偶然の産物なのだろうか――一九三〇年代は、確かに小型映画の普及期にあたるが、基本的にフィルムは個人の所有のため、発掘も散発的であり、「地域」や「テーマ」による比較研究はまだほとんど進んでいない。しかしその限られた素材間でも、類似性が見出されるケースは少しずつ出てきている。

例えば、小樽市総合博物館の九・五ミリコレクションは約二百タイトルと、まとまった規模を成している。その中にも「防空演習」映像がある。撮影者不明の二分に満たない断片だが、年代がわかる他の作品と照合すると、夕張の演習と同時期と思われる。また作者には「北の誉酒造」を経営していた野口家の関係者が多くをしめ、「小樽防空監視本部」「大日本国防婦人会」の文字を読み取れることから、似たような組織連携によって実施されたものだろう。さらにこの映像群には、『小樽市愛國少年團』（一九三四年）というタイトルの十分を超える比較的長編の映像がある。これは小樽から旭川の第七師団への献金の記録で、「銃後組織」の背景にある運動が映し出されている。ここでも「行進」が重要な役割を担っている。

戦前の九・五ミリ、十六ミリから戦後の八ミリまで半世紀以上（一九二八―八四年）に亘り映像を撮り続けたアマチュアの「東の巨匠」・荻野茂二（国立映画アーカイブにコレクションが寄託されている）の制作記録（四百六十一本）の中にも、「在郷軍人会」をはじめ、銃後組織との関係の中で制作されたものがいくつも確認されている。その中でも『郷土の誇』（一九三二年）と題された作品は印象的である。目録には「巣鴨町内より出征し戦死した一兵士の葬儀の記録」

と記されており、ドラマ仕立ての終盤では、盛大な葬儀に参列した少年が報国の意を強く抱く言葉を発する。この作品には「巣鴨町出征軍人慰問會、巣鴨町聯〔連〕合睦會、帝国在郷軍人會巣鴨分會後援」の文字が刻まれている。そこに「国防婦人会」の名はないが、日中戦争が本格化し、徐々に出征兵士が戦死して帰還するようになると、見送りとともに葬儀は、残された婦人や子どもには重要な意味をもつようになる（藤井『国防婦人会』159頁）。夕張にも『満州事変戦没者遺骨帰還』（一九三三年）と題された映像が残っており、『郷土の誇』とほぼ同様の内容である。

こうして小型映画の比較検討を進めていくと、研究会などの折に、「掘り出し物」情報が寄せられることがある。東京都世田谷区や岐阜県などをフィールドにアーカイブ・プロジェクトを展開しているグループ（「AHA！」世話人：松本篤）から、女学生たちによる奉仕活動の十六ミリ映像が「発見された」という話もそうした中で寄せられた。『盡忠報國』と重なるシーンも数多く見られたが、労働の様子がより詳細に映し出されており、とりわけ女学生たちに機関銃の試し打ちをさせているシーンには驚かされた。そして総じて皆、笑顔で楽しそうなのである。この映像も福島県須賀川市の映像と同様、一九三九年（昭和十四年）の撮影である点が極めて興味深い。これらは対米開戦前の空気がどんなものだったかを、リアルに伝えてくれる。

各地で発掘された小型映画には、地域の日常生活の中に数々の銃後組織が生まれ、それが学校などと連携しながら、総動員体制に向かう布石が打たれていく様子が映し出されている。銃後組織や学校と「行事」の関係は、初発は官の指導の下にあったとしても、民衆の自発性が下支えしていたことを、映像は決して隠さない。それは「小型映画」というメディアの特性がそうさせたものだろう。すなわち映像はコミュナルなことがらを共有しうる関係性の中で日常的に上映され、当時の人々が自らの姿や行為を確認するツールとして受容されていた。これらの映像と「共に見る」場となる上映会などのイベントは、人々が心性を「規範」化し、共有していく循環装置となっていたのだ。

記念写真的な映像や行列・行進などが数多く写される意味はそこにある。撮影時、集団の中でカメラを意識し、はにかむように微笑む姿は、あとでそれを「見るだろう」自分の眼差しを先取りしたものだ。そしてそこに自分の帰属を確認し「安心」する。「割烹着」はそのシンボルとして人々の背中を押す役割を果たしていた。こうした映像を介した自身の姿の客観化は、撮る・視る・撮られる三者のロールプレイを強化し、「総動員体制」の構成員としての意識を育んでいく。この体制が上からの強制のみによって形成されたものではないことはこれまでも指摘されてきたが、映像はそこで重要な機能を果たして来たのだ。

しかも小型映画はその「小ささ」ゆえに、人々の間に入ってその動きを記録していく。まさにここではメディアが、自意識、他者との関係、時間差を結ぶ参照項（コンテクスト）となることで、人々の「集合（マス）化」を媒介していたのだ。

そして満州へ

須賀川で発見された十六ミリの中では、『満州だより』もまた大変な貴重な映像だった。一見して国内とは違う広大な風景。その中に映し出された開拓移民と思われる人々の姿、朝礼や作業の様子。これらが内地の小学校の行事や、地域の人々の奉仕労働の映像と一括りのものとして残されていたことの意味は小さくない。当然当時の撮影者は、その対比を意識していただろう。

満州とは何であったか――その探究は、「あの戦争」の本質への接近を促す。我々、戦後世代の戦争の印象が、原爆や都市空襲といった一九四五年の出来事に集約されてしまっているのは、大陸や南方の情報が相対的に乏しかったことと深く関係している。それが太平洋戦争と日中戦争を結ぶ認識に溝をつくり、被害と加害の間に敷居を立てる要因となってきた。特に満州は、戦後しばらく「語られざる歴史」となっていた。

一九四五年当時、満州には百五十万人を超えると言われる邦人がおり、特に開拓団民として入植した二十七万人を含む多くが、八月九日未明以降のソ連の対日参戦によって、「終戦」を経験できないまま生活の場を捨て、「逃避行」を余儀なくされた。かの地での犠牲者は判明しているだけで二十四万五千人、子どもをはじめ多くの残留者を出しただけでなく、帰還できた者（約百万人）も、九カ月から数年にわたり、生命の危険を感じながらそのチャンスを待たざるを得なかった。その壮絶な経験は、なかなか言葉にできるものではない。

確かに映画『人間の條件』（一九五九—六一年）以降、戦後、満州を舞台とした小説、映画はいくつも制作されてきた。その多くはこの「引き揚げ」の困難さを主題とし、その過程の様々な理不尽な出来事を「悲劇」として描いたものであった。こうした物語は主に、資料と証言の乏しさが生んだ。一九七七年に厚生省援護局が『引揚げと援護三十年の歩み』という冊子で初めてその実態をまとめるまで、現地の記憶は個人の脳裏にとどまり、開拓団を送り出した自治体単位でそれが記録としてまとめられ始めたのは、一九八〇年代になってからである。網羅的研究が出始めるのも二〇〇〇年代以降、その歴史を専門的に扱う国内唯一の資料館「満蒙開拓平和記念館」が、多くの移民を送り出した長野県阿智《あち》村に開館したのは二〇一三年——それくらい、実相の「蓋」が開くのに時間がかかった。

テレビ・ドキュメンタリーについても然り。しかし近年、ようやく関係者の努力が実り、経験者たちの言葉が少しずつ表に出るようになった。例えば、信越放送は二〇〇三年から「満蒙開拓団」の取材を続け、多くの番組を制作してきた。二〇一八年には『決壊～祖父が見た満州の夢～』で、戦争末期に見送った移民を集団自決に追い込んだ責任から自死を遂げる旧河野村村長・胡桃澤盛《くるみざわもり》の日記をクローズアップする。また二〇一七年に放送されたETV特集『告白～満蒙開拓団の女たち～』では、岐阜県黒川村の開拓団で、撤退時に起こった性暴力の事実が明らかにされた——だが、こうした衝撃的な史実が見えてくるほどに、なおその謎は深まる。

領土を武力で制圧し広げる国家戦略を封じ込めるヴェルサイユ条約以降、覇権主義国家は、傀《かい》儡《らい》を設けてその目標を達しようと企てた――その点において「満州」は、ナチスにとってのフランス・ヴィシー政権と比べられる。露骨な「力の行使」を狡猾に隠し、代わりに一見合理的な社会構築「理念」を掲げ、人々を牽引したというのがその特徴だ。しかしその「理念」が力を得るための、社会的承認手続きが腑に落ちない――ナチスの派手なパフォーマンスに対して、満州国成立と移民政策導入に関しては、推進した側の論理はわかるが、それを受け入れた側の心理が読みきれないのだ。

我々はつい「満蒙開拓団」と一言で括ってしまうが、その歴史は複雑だ。小林信介は「試験移民期（一九三二―三六年）」「本格移民期（一九三七―四一年）」「移民崩壊期（一九四二―四五年）」に区切る必要があると言うが（『人びとはなぜ満州に渡ったのか』）、それに従えば、一般に開拓移民政策が議会で決議され「国策」となったのは第二期からだ。特に一九三八―三九年は、全国の農村に「満州行き」のポスターが貼られ積極的勧誘が行われた（小林弘忠『満州開拓団の真実』）。須賀川市の映像は、この時期と重なる。

須賀川の『満州だより』の中に「弥栄村公所《いやさか》」の看板が掛けられた建物が映っている。「弥栄村」とは「千振村《ちふり》」と並び、第一期の半農半軍的武装移民が拓いたパイロット入植地である。満蒙開拓平和記念館で『弥栄村史』（一九八六年）を手にしたところ、一九三九年に多くの視察団を迎えていた記録があった。その中には田村泰次郎、望月百合子などの文筆家の名もあり、同年の「村制」施行に合わせ、「本格移民期」のショーケースとして取材を受け入れていた様子が伺える。福島県須賀川町の満州視察団も、おそらくその中のひとつであった。

義勇軍の「善意」と「希望」

しかし残念ながら須賀川のアマチュア映像は断片的で、広大な情景は伝わってくるものの、分析に足るだけの情報に乏しい。私は同時期の満州を捉えた映像を探した。移民を決意した人々の心理が知りたかったのである。すると神戸映画資料館が二〇一四年に開催した「神戸ドキュメンタリー映画祭」で、「収蔵フィルムで綴る戦前記録映画」の特集が組まれ、「満蒙開拓啓蒙映画」七本が上映されたとのこと。以前から小型映画研究で協力関係にあった同館を早速訪ねた。

その七本のうち五本は、「満蒙開拓青少年義勇軍」を題材とした劇場用三十五ミリ作品だった。国策の一環として大日本文化映画製作所や同盟通信社が制作したものである。「義勇軍」は一九三八年頃からの施策で、将来の農業の担い手として満十五―十八歳の青少年に、三年間の訓練を施し、開拓団に組み込んだ。当時の小学校を卒業した者が対象となるだけに、その募集・送り出しにおいては学校が重要な役割を果たした。須賀川の満州映像が、小学校の記念映像と一緒に見つかったのは、おそらくこうした文脈と関係するものであろう。

ところでこれら「義勇軍」勧誘を主題とする映像は、いずれもプロの手による撮影・編集が駆使された凝った作品だ。特に『我等は若き義勇軍』（①一九三九年、十分）『興亜の礎』（②一九

「興亜の礎」（1940年頃）より

四〇年頃、十二分）、『実る大陸 青少年義勇軍報告』（③一九四〇年、十分）、『御稜威《みいつ》に副《そ》はん』（④一九四〇年頃、三十分）は、日記や手紙口調のナレーションや字幕が特徴だ。「ホームスパンの洋服といえば内地ではちょっと小粋なものでしょう。みんな僕ら自身でつくれますから（①）」、「無心の児童たちもバンザイを絶叫するのでありました（②）」「僕たちは出稼ぎにきたのではありません（③）」「外国の植民地のように先住民族を追い払ってその耕地や家屋を横取りするようなことはしません（③）」「父上様母上様（④）」「休日には楽しい飯盒炊爨《はんごうすいさん》などいたしております（④）」――いずれも、青少年の実感に訴える言葉選びが巧みである。

また、これら五本の微妙な視角の違いも興味深い。「興亜の礎」が映し出す地域一体の壮行の様子、「満蒙開拓青少年義勇軍・内地訓練篇」（⑤一九四〇年頃、十一分）の訓練の詳細な描写などを見ると、表現が情動的で、使命感や知識欲の喚起が十分に計算されていることがわかる。映像の端々に「八紘一宇」「五族協和」「大東亜新秩序」といったスローガンが散りばめられ、それに「ヤマト民族の大移動は必然（③）」「大陸の人々と本当の友達になり（③）」というわかりやすい言葉で解釈を添えていく。音楽も大事な役割を担っている――『愛國行進曲』（一九三七年（④））、『兵隊さんよありがとう』（一九三九年（②））など国民的歌唱曲が随所に挿入されている。人々はこうしたメロディーを日常的に口ずさむことを通じて、高揚感を共有し、自発的に政策を承認していくムードになっていったのだ。

これらの映像に一貫したテーマは「希望」である。戦後社会に生まれ育った私でも、この約八十年前の映像に三時間も集中しているうちに、その「真っ直ぐさ」「正しさ」に、うっかり引き込まれてしまいそうになった。その六年後に彼らが出会う「悲劇」を、歴史として知っているにもかかわらず、である。

加藤聖文《きよふみ》は『満蒙開拓団』の「はじめに」で言う。

国策というものは、厄介払いを目的としたり、当初から失敗することが分かっていながら実行されるものではない。むしろ政策当事者は、思い込みや誤った情報に基づく判断、さらには組織利益が絡んでいたにせよ、その当時の置かれた状況で自身では最善と思われる政策を立案するのであって、むしろ「善意」や「熱意」が政策実現の推進力になっていることが多い（x頁）。

「善意」と「熱意」、そしてそれらを貫くことで未来が拓かれると信じる「希望」——これこそが満蒙開拓団の推進過程において、メディアが政策立案者と一般大衆を結びつける回路を敷いたイデオロギー基盤であり、映像資料に仕込まれた解釈コードであった。

七十五年前の我々の姿を見る

分村政策（町村ごとに内地に残る人と移民とを分け、組織的に送り出す政策）は、国策としての満蒙開拓のもう一つの柱である。それは和田傳《つとう》の書下ろし長編小説『大日向村』のヒットと、その新劇上演（一九三九年）、さらには映画化（一九四〇年）といったメディア戦略を軸にプロモートされたことがよく知られている。これは上記「義勇軍」映画群の強い啓蒙色と異なって、ドラマ仕立てとなっているだけに少々複雑である。厳しい生活が安易な期待を打ち砕く場面や村民同士の対立も群集劇として描かれる。しかしクライマックスでは、満州での稲作が成功し、その喜びを分かち合うシーンになると、不安や戸惑いが全て「希望」に回収されるといった展開で、観る者の感情を揺さぶる演出が施されている（伊藤純郎『満州分村の神話』）。

ドイツの哲学者エルンスト・ブロッホは主著『希望の原理』で、「ユートピア願望」が広告や大衆文化の中で広がっていった様相を分析している。「ナチズム」批判として書かれたものであることを踏まえれば、その結論は、ある程度日本にも敷衍させて読むことは可能だろう。だが残された映像資料は、前線の従軍カメラマンのそれと同様、全く別の解釈にも開かれている——事実、一九四〇年の映画『大日向村』のシーンは、戦後制作された『大日向村の四十六年 満州移民・その後の人々』(一九八六年:山本常夫演出のドキュメンタリー)に数多く引用されている。国策映画の中の情景も、その後の三百人以上が亡くなったとされる逃避行や、引き揚げ後の浅間山麓への再入植と開拓の苦難という文脈に重ねられたときに、印象は大きく変わる。

映像や写真といった視覚資料には、フィルムそのものに写し込まれた「もの」や「こと」が示す事実性だけでなく、撮影者や編集者が意図せざる意味作用を生み出す力がある。それは撮影・制作当時のイデオロギーや、コードの縛りが解けたときに見えてくる。それをより的確に読み解いていくためには、数が必要だ。一本の映画作品、数枚の写真だけでは見えてこない意味が、多様な「像」の重ね合わせの中で顕れ出るという経験は、「戦争」という対象の見え方を変える可能性を持つ。分析対象とは一定の距離を置く必要がある——とはいえ、距離を置きすぎてもいけない。大島渚の言葉も、そうした角度からとらえ直す必要がある。我々は「映像を全く持たないわけではない」が、まだ決して「十分」ではない。

我々には、様々な資料に重なりを見出すためのアーカイブ環境が必要だ。例えばニュース映画『日本ニュース』の東京大空襲後の映像(二百四十八号〔一九四五年三月二十二日〕)と、「原子爆弾 廣島市の惨害」(二百五十七号〔九月二十二日〕)のカメラアングルの相似性。また、二百十三号(一九四四年六月二十九日)の疎開に向かう学童のシーンを、八月十七日の「學童疎開生活」（二百二十号）の子ども、そして翌年十一月十三日（二百六十号）の疎開地から東京に帰る子どもと重ね見る経験。例えば、パテ・ベビーに残る家族団らんの情景は、一九七〇年代のものであると言われてもそれほど違和感はない。こうしたカメラが追いかける対象、あるいは大衆が映像に求める心理の普遍性こそが、読むべき「コンテクスト」（指示対象）なのである。

七十五年前の生活者も、我々と同じように喜怒哀楽を重ね、日々を送っていた——映像は何よりもそれを教えてくれる。その普遍性は「戦争」の実相が突き付ける異常性とコントラストをなす。それこそが、我々が認識すべきコインの両面であり、「なぜ」の問いに接近していくための入口を示しているのである。

三　映像の断片とコンテクスト

「一フィート映像」とは何か

二〇一五年三月二十五日、沖縄県公文書館は「沖縄戦記録映像（一フィート運動の会収集）を公開する」との報道発表を行った。一九八三年十二月八日に発足した同会が解散を宣言したのが二〇一三年三月十五日。収集した十六ミリフィルムは、解散に伴って公文書館に寄贈されたものの、「一般利用に供するには修復および デジタル化の必要があり、公開までに相当の時間を要することが懸念されていた」(プレスリリース)。その後、コレクションの全体を網羅するデジタル映像が存在することがわかり、同会と共同でデジタル複写を行った琉球朝日放送より、二〇一四年十二月八日、改めてDVD三十四枚の提供を受けた。それが公開されたものである。

ところで「一フィート運動の会」の収集映像群とはどのようなものなのか。二代目の事務局長・中村文子の伝記に、次のような記述がある——「一九七〇年代までは、沖縄戦を知る手がかりといえば、写真によるものばかりでした。生の映像フィルムを見ることなど考えられなかったのです」「ところが、八〇年代に入り、アメリカへ交換留学した人たちの調査によって、アメリカ国立公文書館に、沖縄戦を撮影した実写フィルムがたくさん保管されていることがわかりました」(真鍋和子『いのちの重さ 伝えたい』)。

元知事でこの運動の推進者の一人だった大田昌秀は「一フィート運動の会」三十周年記念誌『未来への道標』に記している——「この一フィート運動は、当初私の自宅で始めたものでありますが」「私は戦後、アメリカ留学時代を含め延べ二十年近くもアメリカに通って沖縄戦関連の写真や資料のほか米軍の沖縄分離占領の資料を収集する機会がありました」。そして最初の出張は、一九八四年一月、大田と大田が琉球大学に招いた、のちの初代沖縄県公文書館長、宮城悦二郎の二人による米国立公文書館の視察であった。こうした状況から見て、「一フィート運動」の映像収集のイニシアチブは、まさに大田が握っていたと考えていいだろう。

実は「一フィート運動の会」のコレクションの大半は、大田が県知事になり、会の活動に力を割くことができなくなった一九九〇年より前に集められたものであることが、活動史とフィルムリストの照合によって明らかになっている。また二〇一三年の会の解散宣言では、「沖縄戦記録フィルムの九十%が収集され、その保存、活用態勢も整備されてきている」ことを持って「歴史的使命は終わった」としているが、実は沖縄県公文書館の仲本和彦の調査によれば、一フィート運動の会、沖縄県平和祈念資料館、沖縄県公文書館が収集主体であった二〇〇七年の段階では、「まだ七割が未収集」であり、その後二〇一〇年にNHK沖縄放送局からの公文書館への寄贈があって、ようやくゴールに近づく規模になったことがわかっている。

「一フィート運動の会」の活動は、確かに沖縄戦映像の収集の嚆矢ではあったが、最初から「全貌を網羅する」ことが目的に掲げられていたわけではない。既に前章において大田昌秀の思想——特に「子どもたち」を、戦争を伝えるべき対象として強く意識していたことを書いてきたが、当初の収集映像には、それが強く表れている。一方、NHKの収集映像にも、番組制作の素材という明確な目的があった。そうした個別の目的をもった活動が組み合わさって、アーカイブの総体は形成される——そのことは、意識しておく必要がある。当然のことだが、「一フィート映像」が記録した対象も「子どもたち」ばかりではない。その「部分と全体」、一部の象徴的なシーンと様々な要素が織りなす文脈との間で、この活動も揺れ動いていく。実はそのプロセスの中に、「戦争の実相」を認識することの困難を考える手掛かりがある。

「住民」への眼差し

「一フィート運動の会」最初の上映会は、一九八四年五月十六日に行われた。沖縄タイムスの記事によれば会場の那覇市民会館は超満員で、急遽那覇市教育委員会ホールでもビデオ上映を行ったという。この熱気は、まさに「映像を持たなかった」人々の渇望の表れであった。この日は、前月末―五月一日に届いたばかりの、米国公文書館から購入した十二本の映像が上映された。これらは後に行った照合作業により、現在沖縄県公文書館に収められたDVD三十四枚のうち一番と二番に収められているものであることが確認されている。

この十二本には、「住民の移動」「戦争孤児たち」「食糧配給」「住民の収容」「首里の攻防」「金《き》武《ん》掃討作戦」「那覇飛行場の壊滅」「日本兵の降伏」「日本兵の大量降伏（一）」「日本兵の大量降伏（二）」「捕虜のショー」「学校に戻った沖縄の子どもたち」というタイトルがついている――米国公文書館の原番号を確認すると二本を除き同じコレクション（陸軍通信局長室記録群）に属しているが、その番号は大きく飛んでおり、撮影日付も一九四五年四月七日から始まり、五月中旬四本、六月上旬から七月にかけて五本、七月が二本と間隔が開いている。とりわけ最後の四本が沖縄戦終結の日よりも後の映像である点が目を引く。

つまりこの十二本は単なる断片ではなく、目的をもって集められたものだ。米軍が沖縄本島に

上段：「住民の移動」、下段：「食糧配給」（沖縄県公文書館所蔵「沖縄戦記録映像（1フィート運動の会収集）」より）

上陸して一週間目、日本軍が早々に撤退していた本島中部では、この段階から米軍統治による所謂「軍政」が開始される。五月の映像（「戦争孤児たち」——「住民の収容」）は主にその様子を捉えている。「鉄の暴風」ともたとえられる激しい地上戦の記録は、「首里の攻防」「金武掃討作戦」「那覇飛行場の壊滅」。そこには凄惨な死体映像も含まれ、観客にショックを与えたが、同時に投降する日本兵や住民、さらには彼らの収容所での様子が丁寧に描かれている。そして「捕虜のショー」「学校に戻った沖縄の子どもたち」に続く流れで、沖縄戦の「全貌」をざっくりとではあるが追うことができるのだ。

　これらの映像群には「戦争」に距離を

置いて見た眼差しではなく、当事者たちが自分たちの姿をその中に探すことができるコンテクストがある。特に、「降伏」を扱った三タイトルには、軍属も一般人も混然一体をなしていた群衆に、多くの住民の姿が確認できる（「白旗の少女」のシーンもこの中にある）。長時間カメラを回していた収容所のシーンは、その軍属と一般人を「分ける」手続きを記録したもので、沖縄の人々は、ある意味でそこを自分たちの戦後の「出発点」と位置づけることができる。また、「戦争孤児たち」などに見られる子どもたちの姿にも、戦争の「悲惨さ」の象徴というより、その「出発点」のイメージが託されているように映る。米兵からけがの治療や介護を受ける幼児や、新しく設けられた遊具で米兵と遊ぶ情景、また再開された学校で学ぶ子どもたちには、プロパガンダ的要素を割り引くなら、むしろ明るささすら感じる。

戦争のむごたらしさ、理不尽さを著書で強く訴えていた大田が、「一フィート運動の会」では、どうしてこの十二本を最初の映像群として収集したのか——そこには「募金を集めて、映像を買い戻す」という運動原理が、働いていたのではないか。体験者が「聞き手（戦後の子どもたち）」と共にスクリーンを指し示し、互いのアイデンティティを確認しながら語る状況づくりのための映像。それをまずは手に入れようとしたのではないか。新聞に掲載された、上映会に参加した人々の感想は、その様子をよく伝えている。

「編集」の欲望とジレンマ

「一フィート運動の会」は、一九八四年五月の第一群の到着後、すぐに次の発注（二十五本）を行い、うち八月十日に届いた十八本の試写会を十三日に開催している。この第二群には、本島以外の戦闘の記録や、沖縄戦の連合軍最高指揮官だったバックナー将軍の死去など、米軍の視点による映像が多く含まれている。この上映会について新聞（沖縄タイムス八月十四日）は、最初の上映会とは異なる反応を伝えている――「届いたフィルムは各シーンがまちまちのため今後、運営委員会で全巻を見たうえで整理して一般公開される」。第一群に比べ文脈も明確さに欠け、見る者に散漫な印象を与えたのだ。結果、観客からは第一群と合わせて編集を施し、作品として上映して欲しいとの要望が上がる。

そもそもは第一群があっての第二群だった。また待っていたメンバーには、二回目ということでインパクトが薄れていたのかもしれない。これらは隙間を埋めるもの、あるいは基本の「筋」を補足する映像だったと考えていい。当然のことだが、その「追加分」だけ見ていては意味を摑みにくい。いずれにしてもこの時期から「一フィート運動の会」の目標は単に映像を収集・集積するだけでなく、それを用いて「沖縄戦を語る」コンテンツを制作し上映する（市民に訴える）方向に転換していく。

会の解散時に記された「年表」を見ると、その後メンバーは一九八五年二月四日の第一回運営委員会で、フィルムの「編集」について協議をしている。それから「作品化」はとんとん拍子で進む。八五年十一月五日には「映画製作委員会」が設けられ、翌年五月二十一日には早くも完成披露を行う。しかしこうして出来上がった「一フィート運動の会」第一作『沖縄戦 未来への証言』全五十五分の中で、実は収集した映像の部分は、半分強の三十分弱程度しか使われなかった。

特に収集映像が続くのは、中盤二十六分過ぎから、三十五分の手前までの九分間弱である。喜屋《や》武《ん》半島で「袋のネズミ」となってから、牛島満軍司令の自決、摩文仁での星条旗掲揚までのシーン、そして屋嘉収容所の捕虜たちの表情、ハワイへの連行までのシーン。その後音楽が変わり、助け出された子供や住民たちの姿が映る——ここには第一群の映像が生きている。そこに「地獄からの生還である」から「生きていることは実に素晴らしい」、「しかし戦《いく》さは終わっても苦しみはやまない」とのナレーションがつけられる——ここは作品のクライマックスと言えるだろう。しかし、それだけである。それ以外の多くは、写真や新たに撮影したシーンから構成され、米軍支配の二十七年間と「返還」後を描き、この作品は終わる。

実際に作品化してみてはじめて「一フィート運動の会」は、素材の乏しさに気づいたのだろう。しかし『未来への証言』の完成後、すぐに第二作の企画に踏み出したわけではない。まずは『未来への証言』を広め、英語版の制作による海外への展開、さらなる資料収集と保全体制の構築に努めた。「総集編」と言われる次の作品（『一フィート映像でつづる ドキュメント沖縄戦』一九九五年）の構想が具体的に意識されるのは、大田昌秀の知事就任以降である。

この推移は、やはり大田の問題意識との関係で考える必要がある。「総集編」の構想は、様々な分断の超克を叶える「沖縄のこころ」の追求をかたちにしたものだった。「ことば」から「イメージ」へ、「写真」から「映像」へと素材を求め続けてきた理由は、異なる立場の人間が眼差しを重ね合える共視対象が必要だったからであり、大田にとってそれは『総史沖縄戦』（一九八二年）の映像版をつくるというイメージだったのだろう。しかしそれは、発足したての会がとりあえず収集した映像だけでは無理だった。

『ドキュメント沖縄戦』の制作

「一フィート運動の会」の解散時の年表や関係者の様々な寄稿文を見ると、「総集編」の目標は「沖縄戦の全て」——一九四四年の一〇・一〇空襲、そして少なくとも三月二十六日の慶良間諸島への米軍上陸に始まり、九月二十六日の宮古守備軍降伏に至る過程を、現地目線で捉え、映像で戦いの全貌を描くことにあった。そのためには広範囲にわたって刻々変化する状況と「米軍—日本軍—住民」の複雑な関係をカバーするだけの「素材」が必要だった。一九八四年の第二群入手以降、断続的に数本単位で「会」にフィルムは届くようになるが、その目標は、ＤＶＤの第十一—二十二巻にあたる計百四十タイトルの映像（特にこのうち米国立公文書館の原コードで127-USMCと記された米国海兵隊記録群、六十五本）が到着することによって一気に可能になった。

この時点で収集の方法が変わったことに注目したい。それまでは「点」すなわち、体験者の記憶や証言をベースに記録をピンポイントで手繰り寄せる探索であった。ところがそれが、「面」で対象全体に網をかけ、その中に意味を読みとるアプローチに変わる。その結果、「沖縄の軍政」(二十二本) シリーズと、「沖縄作戦」と題された攻防に関わる大量かつ詳細な記録映像が収集され、文書資料や『総史沖縄戦』の写真だけでは十分叙述することができなかった、「戦いそのもの」を俯瞰する視点が得られるようになる。

全五十七分の第二作『ドキュメント沖縄戦』が、第一作『未来への証言』と決定的に異なる点は、一部の説明シーンを除き、ほとんど全てを収集映像のみで構成していることである。特に上陸作戦から、中部戦線、那覇制圧、南部戦線に至るまでの映像の厚みは圧巻である。『未来への証言』ではおよそ概略的にしか描けなかった状況を、作戦の遠近を網羅する米兵目線の映像を用いて、刻一刻に十分に時間をかけて四月一日から六月二十三日までを辿る。その結果、人間の尊厳が根底から損なわれる状況に直面し、米日兵と住民いずれもが混乱に陥っていた様子が描かれる。しかも全体の構成、及びナレーション台本の多くに『総史沖縄戦』が参照されている点は注目すべきだ。つまりようやくここに至って大田の言葉にイメージが伴うようになったのである。

しかし当然、知事に就任したばかりの大田に、直接細かな作業指示はできない。『未来への証言』のエンドロールに「監修」者として名を連ねている大田は、『ドキュメント沖縄戦』では、

「運営委員」として記されるのみで、制作スタッフも大幅に代替わりしている。特に新たに「調査・考証」に山内榮、そして「プロデューサー」として仲松昌次《まさじ》（加えて「制作協力」にNHKエデュケーショナル）の名が加わっていることにも注目したい——総集編『ドキュメント沖縄戦』は、放送との関係を強く意識し、ビデオ制作がなされたのだ。実際、総集編完成の二カ月後（六月二十六日、二十七日）、ETV特集『沖縄・戦世の記録〜一フィート映像の証言〜』が放送される。山内は沖縄出身者ではないが、この映画及び番組との関わりから、琉球大学で非常勤講師を務めながら「会」に参加し、その後もNHKの沖縄戦関連番組に「沖縄戦映像の専門家」として出演している。

しかしその後の各地の上映会では、『ドキュメント沖縄戦』はあまり使われない。ほぼ全編が収集映像のみで構成された「総集編」は一般のオーディエンスには重すぎ、メッセージが単純明快な『未来への証言』のほうが好まれた側面もあろう。「一フィート運動の会」はその後、『一フィートの映像と戦争体験者の証言でつづる 沖縄戦の証言』（二〇〇五年）、『軍隊がいた島〜慶良間の証言〜』（二〇〇九年）の二本の作品を制作するが、いずれも証言や新たに撮影された映像中心に編集され、収集映像のウエイトは後退している。記録映像の客観的で冷静な叙述よりも、体験者のエモーショナルな話し言葉が求められた格好だ。

共同体の崩壊

全編がほぼ収集映像で制作された『一フィート映像でつづる ドキュメント沖縄戦』は以下の十のブロックで構成されている（（ ）内は経過時間、分：秒）。

一、（00：00—02：11）「一フィート運動」とは何か、いくつかの象徴映像、タイトル

二、（02：11—07：28） 沖縄戦の背景（一〇・一〇空襲、米国陸軍省制作「日本における我々の任務」、写真と資料による説明「鉄血勤皇隊」「ひめゆり部隊」「皇民化教育」「教育勅語」等々）

三、（07：28—12：43）本島上陸前（座間味島の襲撃、集団自決、朝鮮人軍夫連行、住民投降など）「強いものはますます強く……軍隊、住民、朝鮮人をめぐる戦場の論理だ」、作戦会議

四、（12：43—19：22）沖縄本島上陸「日本軍からの抵抗らしい抵抗はなかった」「食べ物も与えてくれる米軍に驚きを禁じ得なかった」「アメリカ世《ゆ》への世替わり」、東海岸へ

五、（19：22—26：18）伊江島《いえじま》上陸「島がまるごと戦場と化した」、石川岳「北部地域への進撃」「火炎放射で焼き払う家屋」「四月十三日星条旗」八重岳「五日間の激しい山岳戦」

六、（26：18—31：09）住民の様子、壕から出てくる、収容所へ「収容所に入ったその日が戦

後のはじまり」、米の配給、収容所の一日、家屋に火を点け住民の移動を促す
七、（31：09―40：07）首里戦線（四月十九日総攻撃開始、火炎放射、手榴弾を投げ込む、焼死体、米兵に戦闘恐怖症続出、「泥と炎の沖縄戦」、五月二十五日那覇侵攻、二十九日首里城占領
八、（40：07―48：17）北部制圧（伊平屋島《いへやじま》、粟国島）、南部制圧（摩文仁への終結、バックナー将軍死亡、牛島司令官自決、追いつめられた住民、上から銃を撃つ米兵、投降・救出）
九、（48：17―52：53）屋嘉捕虜収容所、田井等《たいら》民間収容所、朝鮮人従軍慰安婦、移動する住民、三味線を弾き踊る、マラリアの流行、施設に収容された孤児たち
十、（52：53―57：00）八月十五日米軍による終戦の演出、八月二十九日マッカーサー元帥の到着、九月七日沖縄戦降伏調印式、九月二十六日宮古島守備隊降伏、タイトル

「戦後の彼らを待っていたのは、新たな苦難の歴史だった」のナレーションに続いて暗転し作品はエンディングを迎え、以下の字幕が流れ、タイトルが現れる。

沖縄は、一九七二年五月十五日まで二十七年間、米軍支配下におかれた。米軍は沖縄を『太平洋の要石』と呼び　東アジアの戦略拠点と位置づけた。本土復帰して二十三年たつ今もな

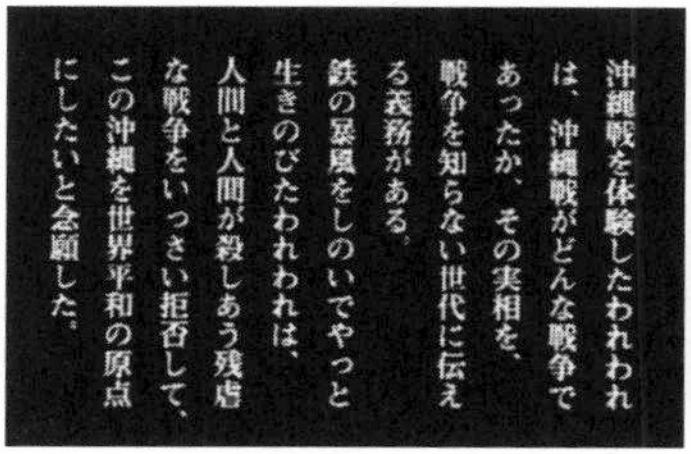
沖縄戦を体験したわれわれ
は、沖縄戦がどんな戦争で
あったか、その実相を、
戦争を知らない世代に伝え
る義務がある。
鉄の暴風をしのいでやっと
生きのびたわれわれは、
人間と人間が殺しあう残虐
な戦争をいっさい拒否して、
この沖縄を世界平和の原点
にしたいと念願した。

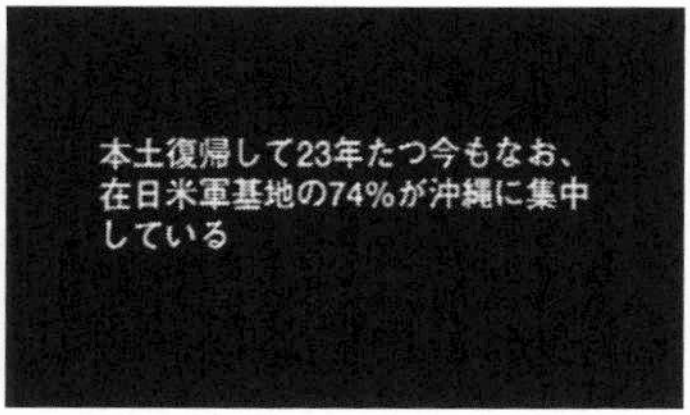
本土復帰して23年たつ今もなお、
在日米軍基地の74%が沖縄に集中
している

『1フィート運動でつづる ドキュメント沖縄戦』(沖縄戦記録フィルム1フィート運動の会、1995年)より、オープニング(左)とエンディング(右)

お、在日米軍基地の七十四%が沖縄に集中している。

この作品では、米軍、日本軍、そして住民の三者三様の苦難が描かれている。その中でも、所々ナレーションによって強調される「住民」からの視点は、激しい戦闘を冷静に客観化する役割を果たしている。特に南部戦線を描いた「八」ブロックは印象的だ。白旗の少女、震える少女のシーンは、「その冷徹な論理の中で、住民は最後まで置き去りにされてきた」「住民を犠牲にした軍隊、軍隊と住民の共生はありえない」「沖縄戦はそのことを如実に証明した」というナレーションとともに現れる。沖縄の住民は、徹底的に生活を奪われた被害者として描かれる。しかし日本軍も、米兵とて、加害者あるいは勝者として一方的に扱われているわけではない。戦争は全ての人を不幸にする理不尽な行為に他ならない——それがこの作品のメッセージである。

沖縄戦終結から七十五年が経った今、「一フィート映像」からは、おそらく当時の関係者たちも気づかなかっただろう主題が浮き上がって見える——それは度々現れる「住民の移動」である。

これは沖縄の人々が、長年に亘って暮らしの営みを重ね形づくってきた「共同体の破壊」を指し示している。米軍は保護した住民は手厚く扱う一方で、家屋は容赦なく焼き、沖縄の人々にとって大切な祖先を祀る亀甲墓《きっこうばか》が砲撃に晒される場面もあった。

この沖縄の「共同体の破壊」は、一筋縄では捉えられないところがある。『ドキュメント沖縄戦』のエンディングで語られた「新たな苦難の歴史」、すなわち米軍統治下で進められた基地化との攻防を、長く経験した人もいれば（阿波根昌鴻『米軍と農民』）、比較的被害の少ない地域で、今もなお古くからの共同体を保持している人もいる。そもそも、その破壊の出発点を明治十二年（一八七九年）の琉球処分、あるいはもっと遡って約四百年前の薩摩藩による琉球侵攻にまで求める見方もある――いずれにしても、それは人々のアイデンティティ、自然との関係も含めたエコロジカルな歴史観に根差した問題でもある。

但しそれは、沖縄だけの問題ではない。視野を広げて、満州開拓を促した移民政策、あるいは「在郷軍人会」「国防婦人会」などの銃後組織の形成で、地域共同体が「国策」の求心力の下に次々吸収されていく過程と重ねてみる必要があるだろう。またそれは、当時の様々な小型映画、あるいはニュース映画に映し出される民衆の高揚感、あるいは南信・旧河野村の自決した村長・胡桃澤盛のメンタリティにも共通するトーンを成す――「個」をどのように「全体」の中に位置づけるか。その問いは、今日に至るまで我々に響き続ける。

絵が映像を補うとき

本章冒頭の大島渚の言葉に戻ろう。我々は単純に「敗者」だったから「映像」を持つことができなかったのだろうか。この言葉を真に受けた諦めの早さは、事実に背を向けることに直結する。映像は、「無く」はない。仮に戦局が激しくなり、小型映画のアマチュアたちがカメラを擱《お》いたにしても、ニュース映画の、あるいは軍のカメラマンが、目的は様々であったにしても何らかの被写体に焦点を合わせていた。そしてそれら記録映像は、時代の壁が徐々に取り除かれるにしたがって出現し、記憶を取り戻す手助けとなっていく。

しかしそれでも「記録」を残せない場面もあっただろう――そうした極限状況において、多くの人々は「絵」を描いた。一九七四―七五年にかけて、広島平和記念資料館へ「原爆の絵」が収集され始めたのも、手書きの絵が個人の脳裏に封じ込められた記憶を外化し、記録の乏しさを補い、経験の共有を促す可能性があると考えたからだ。実際「原爆の絵」には、写真や映像と違い、体験者の心象をかたちにしたからこそのリアルがある。集まった絵は、既に二〇〇二年の追加分を加えると五千枚を超え、損なわれた「記録」に対して、数をもって埋めるに止まらない資料価値をもつものとなった。

しかしその多くは画用紙など傷みやすい素材に書かれていたため、劣化が危惧されていた。そこで平和記念資料館は二〇一七年、ＮＨＫと共同で高精細度（８Ｋデジタル）保存に着手。『〝原爆の絵〟は語る～ヒロシマ 被爆直後の三日間～』（八月六日）は、それを素材に制作された番組である。現在の広島の風景や、限られた写真資料と絵を重ねながら、時系列で「その日」の出来事に迫る手法は、「記録の乏しさ」問題に新しい光を当てた。中でも衝撃だったのは、番組終盤に取り上げられた、川面に浮かぶモンペの女学生の遺体の絵である。朽ちていく身体を連日描き写した人は何を見ていたのか――それこそ、まさに「死の理不尽さ」そのものではなかったか。

二〇一七年の五月から八月、広島県福山市鞆《とも》の津ミュージアムは、企画展『原子の現場』を開催、ここでも多くの「原爆の絵」が展示された。しかしそれらは平和記念資料館のそれとは異なるタイプの作品が多く、「絵画表現の可能性」を広げるものだった。例えば、爆心地から離れた

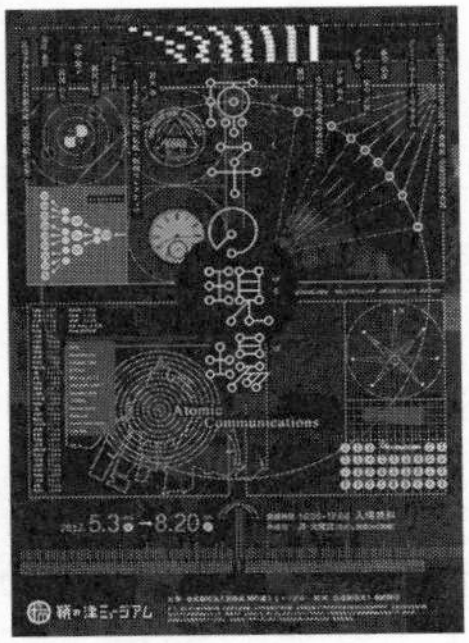

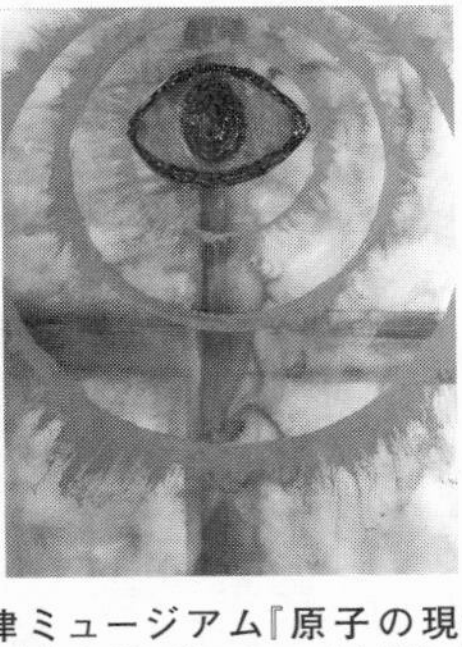

鞆の津ミュージアム『原子の現場』展（2017年）より、ポスター（上段）、ゆだ苑所蔵作品（中段）、横田礼右作品（下段：本人蔵）

山越しに見た原子雲。まだ十分語るべき言葉を持たない未就学児の音と衝撃のイメージ。あるいは戦後世代が受け継いだ記憶を描いたもの――「絵」は、記録と現実の間にある、脳裏に一瞬浮かぶ像をかたちにする。

それは言葉において語り尽くせない「こころ」を、つなぐ可能性を示している。戦争を題材にする著名な画家は、数多くいる。例えばシベリア抑留を描いた香月泰男、被爆と沖縄の地上戦を題材にした丸木位里・俊夫妻などだ。しかし我々は、これらの「作品」を、市井に遍在し、かつ顕在化しきれない膨大な記憶をつなぎ、掘り起こすものとして考えたことはあっただろうか。『原子の現場』展には、そうした問いかけがあった。

我々は決して「当時を知る」記録を持たないわけではない――それは単なるスケッチだったとしても、唐突にファインダーに入り込んだ「こと」や「もの」であったとしても、それら感覚の痕跡が捨てられずにありさえすれば、そしてそこに光が当たりさえすれば、意味を読み取ることはできる。さらに時間の経過や空間の変化は、当事者には不可能な解釈に我々を導いてくれる。要は発せられるメッセージに受け身にならず、主体的かつ実践的に臨むべし、ということなのである。

資料は、まだまだどこかに眠っている。実際に戦争を体験した「語り手」が、言葉を発することができなくなったとしても、遺品の箱の中から、小型映画や写真集、軍事郵便や慰問文集などが現れ、日の目をあびるという出来事は続いている。むしろアーカイブに対する関心が高まりつつある「これから」の方が、不用品として処分されてしまうリスクは減っていくと考えられる。世界は、潜在的なアーカイブなのである。

第四章
語り継ぐ条件――対話への階梯

一　タイムマシンか、リテラシーか

「戦争の全体像」をめぐる困難

二〇一九年四月二十五日、広島平和記念資料館（原爆資料館）がリニューアル・オープンした。一九五五年の開館以来三度目の展示替えであるが、全面改修は一九九四年の東館開館から初めてのこととなる。私は早速その週末、広島に足を運んだ。

このリニューアルは二〇一〇年に検討が開始された。そして、二〇一一年から常設展示の全面的更新作業が始まり、二〇一四年九月末にまず東館を閉鎖した。当初は二〇一五年度末に東館を再開させ、一部展示を東館に移して本館を閉じる計画だったが、予定が若干ずれ込み、東館が二〇一七年春開館。それから二年を経ていよいよ、被爆の実相と核問題に関する情報の「全体像」を発信する拠点が開かれたというわけである。

長い間、「あの戦争」という指示詞とともに、個人の経験にもとづく語りを聞く行為に記憶の継承を委ねてきた我々が、原爆あるいは核問題に限るとはいえ、その「全体」を認識対象とする場を得た意味は大きい。しかし、それを背負いこむことはそう容易なことではない。とりわけ博物館、資料館という施設と「戦争」との折り合いの悪さは、否めない。そもそも「ミュージアム」(博物館、美術館、その他多くの公開施設を包含する概念)が文化帝国主義を支えてきた歴史を顧みれば(松宮秀治『ミュージアムの思想』)、それが「戦争」というテーマを扱うことは、やや自縄自縛的でさえある。

実際国内において、戦争の「全体像」にアプローチする所謂「戦争博物館」は、未だどこにも建てられていない。それ自体が、戦争への向き合いに伴う複雑な事情を表している。「あの戦争」として顧みられる「戦争」は、戦没者に対する「追悼」の念と分かち難く、関わる人各々の立場の相容れなさを際立たせてきた。例えば、戦後五十年を機に東京都千代田区九段に初の国立の「戦没者追悼平和祈念館」の計画案が示されたとき(一九九三年度政府予算編成時)もそうだ。様々な意見が交錯し、建物は完成しても展示は定まらず、結局計画から四年遅れで「昭和館」という名で開館したという決着をみてもそれはわかる。

「昭和館」の利用案内には「主に戦没者遺族をはじめとする国民が経験した戦中・戦後(昭和

十年頃から昭和三十年頃までをいいます）の国民生活上の労苦についての歴史的資料・情報を収集、保存、展示し、後世代の人々にその労苦を知る機会を提供する施設」と書かれている。こうしてこの施設は、「戦禍」への視線を「生活」に「ずらす」ことで、計画に収まりをつけた。現在、当初の「戦没者追悼平和祈念館」の構想はこの「昭和館」（一九九九年開館）の他に、「平和祈念展示資料館（二〇〇〇年開館：東京都新宿区）、「しょうけい館」（二〇〇六年開館：九段）に分散。さらに近隣の「靖國神社」をめぐる鎮魂と戦争責任との間で、これらの存在意義に関する議論は宙に浮いてしまっている。

それに比べると、被爆地・広島、長崎や、地上戦の舞台となった沖縄では、対象が絞られているだけに、知識を深めることと追悼の心との隔たりは小さい。しかも広島の資料館のリニューアルは、体験者がいよいよ少なくなる戦後七十五年の「メモリアル」前年であることもあって、大きな期待を集めた――しかしそれは、むしろ問題の根深さを晒す結果となった。

被爆再現人形問題

それはかねてから論争となっていた「被爆再現人形」問題に象徴される。一般に今回のリニューアルにおけるその撤去は、外見が与えるショッキングな印象への配慮と見なされてきた。しかし展示の継続を望む声に対し、広島市がWebサイトに掲載した回答は、「凄惨な被爆の惨状を伝える資料については基本的にありのままで見ていただくべきという方針の下、この度被爆再現人形を撤去することとしたものであり、見た目が恐ろしい、怖いなどの残虐な印象を与えることなどを懸念して撤去するものではありません」であり、その意図は明確に否定されている。

被爆の実相を訴える手段の選択は難しい。広島平和記念資料館の開館当初の計画者がマネキン人形を用いたのも、それが「実相」理解への出発点となると考えたからだ。人形が大きく批判を浴びるようになったのは、一九七三年に蠟《ろう》人形に替わって以降である。熱線で溶けた皮膚が垂れ下がり、髪や衣服が焼けこげた三体の人形は、被爆者数十人からの聞き取りをもとに作成されたものだった。しかし「批判」の声をあげたのも被爆者たちだった。そして一九九一年にプラスティック人形に置き換えられると同時に、やや「凄惨さ」が抑えられる。そこには間違いなく何らかの「配慮」があった。

今回撤去されたのは、このプラスティック人形である。資料館元館長の志賀賢治(二〇一九年三月三十一日退任)は、朝日新聞のインタビューに次のように答えている。


「事実をきちんと伝えるのが、資料館の使命です。どこで誰が何を見た、と説明できないものは居場所はなくなります。しかも、あの人形は、表現を和らげている。服を着ていて、顔もはっきりしている。現実は恐らく、すっ裸で逃げまどい、顔も男女の区別がつかないほど焼けただれていたはずです。被爆者がいる間は『こんなもんじゃなかった』と説明してイメージを修正できますが、いなくなったら『こういうもんだ』とイメージが独り歩きする危険性があると思うのです」(朝日新聞三月二十七日)

問うべきは、この「こんなもんじゃなかった」への解釈である——一九七三—九一年の人形への批判も「事実と違う」という声だった。しかし以前はそこから人形を作り直した。ところが今度は撤去である。人形撤去の理由は「実物重視」というリニューアルのコンセプトに従ったものだという。この対応の変化には、重要な意味がある。

「実物重視」の方針のもと、展示においては第三者の解釈を極力排除するようにしたという。ここでいう「実物」資料とは遺品、被爆者が自身の体験に基づいて描いた絵、写真や映像などを指す。それに対して、一九七三—九一年の蠟人形も、九一年以降のプラスティック人形も、「誰か」の解釈をもとに作られ、そして様々な声に応じてイメージの微調整を繰り返してきたものだ。誰も「人形」を実物とは思わない。だからこそエビデンスを持ち寄り、「実相」に近づくために対話を繰り返したのだ。それがこれからはできなくなる。「実物重視」とは確かに聞こえは良い。しかしそれは、戦争を想像・思考し、解釈を他者と重ねる道を閉ざすことにはならないのか。

実物展示に期待したもの

ところで今回のリニューアルでは、「見学のための動線」が大きく変更されている。以前は、まず東館一—三階の導入展示（被爆前の広島、復興、核時代、平和への歩みなど）を見学してから、本館の遺品や資料展示に移るように設計されていた。ところがリニューアル前の調査によれば、平和記念資料館全体の来場者の平均観覧時間四十五分のうち、本館に費やした時間はわずか十九分（『平和文化』百八十三号）で、「館の中心をなす『被爆の実相』を伝える展示の観覧に十分な時間をかけられていない」ことが問題視されていた。

リニューアル計画は、そこが出発点となっている。志賀は先に引いた朝日新聞のインタビューで、以前は導入部に位置づけられていた解説展示を「後に判明したこと」「後知恵」と呼び、東館に集約。本館展示のあとに見学するように入れ替えた——これを、「被爆再現人形」の撤去問題と重ねて考えてみよう。

解釈を「後知恵」と位置づけたことと「人形撤去」に共通するものは、解釈への不信であり、「もしかすると、実際（リアル）な被爆経験は違うかもしれない」という不安である。志賀は、経験者がいなくなる時代における特定の解釈は、実相に迫る道を歪めるものになりかねないと考えたのだろう。だからこそリニューアル後は、「解釈」を後退させ、「被爆者の視点から、原爆の悲惨さを表現する」ことに主眼を置こうとした。「被爆者にはリトルボーイは見えていなかったし、熱線、爆風、放射線が同時に襲いかかって、何が起きたか分からなかったというのが現実です」（前掲朝日新聞インタビュー）――つまり被爆した人と同じく、予備知識のない「まっさらな状態」で、来場者には「現場に立ち」「事実を受けとめて欲しい」というわけだ。いうなればタイムマシンとしての設計を目論んだのである。

しかし本当に、展示を純粋に「実物」に委ねたのだろうか。そうではない。実際、リニューアル後の本館には、様々な「演出」が施されている。しかも一見して、遺品・遺物といった本来の「実物」が占める空間よりも、特に壁面では、明らかに「写真」と「原爆の絵」など描かれたものの存在感が大きくなっている。そしてそれを際立たせているのが、会場全体の「暗さ」である。

来場者はエントランスから長いエスカレーターで、東館三階の導入スペースに着く。壁全体を覆う被爆前の風景を通り抜けてから、上空での爆裂を再現するCGジオラマを経験し、そのあと渡り廊下を歩いて本館に入る。まるで異次元の時空間がそこから始まるかのような動線の先には、とある少女の大きな写真。三十メートル先を見通すその「眼差し」に引き込まれ、「暗い」空間の中に入る。すると圧倒的な数の「眼差し」に包まれる。以降来場者は、自らの目で展示を「見る」のではなく、逆に展示物に「見つめられ」、受け身の姿勢を強いられる感覚を覚える。数々の亡くなった子供たちの顔写真には実名が添えられている。その一方で、全体にキャプションによる説明は少なく、多くは音声ガイドによって補われている。

展示は「家族を失って」「生きる」「N家の崩壊」「一人の被爆少女の死」といった予め用意さ

れたコーナーの「物語」で括られている。そして最後に、壁いっぱいに広げられた「被爆七年後に発掘された大量の遺骨」写真。それを過ぎると「暗い」空間から来場者は一気に解放され、明るい陽射しに照らされた「何もない」廊下を、左手に平和記念公園を望みながら歩く。すると再びあの少女の写真と出会い、本館を後にする。

「当事者感覚を持ってほしい」と考え、この展示は計画されたのだという。だがその「当事者感覚」とは何か。実名写真や「原爆の絵」、そして物語を介して「その瞬間に生きていた、一人ひとり」に思いを寄せてほしいということなのか。意図はわからないではない。しかしそれもまた、計画では排除しようとした「後知恵（解釈）」の一つとは言えまいか。

「語り手なき時代」の現実

私と一緒に見学したある学生が言った。「ただ、怖がらせようとしているだけのような、悪意を感じた」と——「体験」を強要する一方で、「あの時空間」をまるで袋とじのように暗闇に囲い、特別な時空間として現実から切り離し、後に救いを用意する——この展示方法の「ゆさぶり」は作為的だ。「写真」や「絵」の配置に眼差しが誘導され、見る者の主体性が奪われる。そこに理解を助けるような言葉は少なく、一方的に視覚的な「現実感（リアリティ）」のシャワーが降り注ぐ。彼は言った。まるで「お化け屋敷」だと。

広島平和記念資料館（撮影：水島久光、2019年リニューアルオープン後）

「資料館は、答えをあっさり出す場所ではありません。当館の展示資料が突きつけているのは、答えのない問いかけです。その問いかけを受け止めながら巡ってもらいたいのです」（前掲朝日新聞インタビュー）と志賀は言うが、本当にそうなのだろうか。「答えがない」という「答え」を先取りしてはいないだろうか――それは、七十五年ものあいだ「答え」にたどり着けなかった我々戦後世代の自己弁護なのではないか。

　戦争のリアルとは「恐怖」を「感じる」ことに止まるものではない。「なぜそうなってしまったのか」「そこからどうやって生きてきたのか」を「考える」契機がなくてはならない。しかしその瞬間をまるで避けるかのように情報を切り詰めた展示は、何かを諦めてしまったかのように映る。あの惨禍から命をつないだ「当事者」は、戦後我々に「答え」を求め続けてきた。かつて我々はその「答え」を急ぐあまり、しばしば「だから」とショートカットし、「なぜ」に答えるポーズをとって、対話をなんとかつないできた。しかし、今やその「やりとり」すら失われ始めている。この展示は、その関係の喪失を端的に認めている。

その証は、東館から本館に渡る廊下の角の柱にあった。「本館の観覧にあたって」と書かれた注意喚起（WARNING）のサインである。

原爆被害の悲惨さを伝えるため、本館では凄惨な状況を示す写真や絵を多数展示していますので、ご留意ください。特に小さなお子様などをお連れの保護者や引率者の皆さまには、ご配慮をお願いします。

これは何のエクスキューズ（弁明）だろうか。戦争を扱う「資料館」ならば、凄惨さを感じるモノが数多くあることは当然であり、それこそが「実物」の力である――それを改めてわざわざ書く。やはり、「人形撤去」の本当の意図はそこにあったのだ。かつての「人形」に対する批判は、その事実との隔たりを詰めるために、当事者（体験者）が発したものだった。しかしこのサインは明らかに違う方向を向いている。それは、資料を「読む力（リテラシー）」を持たぬまま、この空間を訪れる人々のナイーブなショックを慮《おもんぱか》ったものである。

　こうした反応は、近年しばしば取沙汰されている。例えば『はだしのゲン』事件がその一例である。松江市教育委員会が二〇一二年十二月に松江市内の市立小中学校に対して、中沢啓治のマンガ『はだしのゲン』の閉架措置及び貸出閲覧制限を求めていたことが発覚して以降、全国で同じような「配慮」が行われていたことが明らかになっていった。こうしたコンテクストを踏まえると、展示替えを求める声の中には、確実に「戦争の本質」である「夥しい理不尽な死」の直視を拒む、新しい世代のものが含まれていたということになる。

　そう考えれば、本館の展示を「感性（アトラクション）的」な方向に特化させ、「袋とじ化」させる演出も、「苦肉の策」として理解することができる。思い切り怖がらせておいて「あれは、僕らの平和な日常とは切り離された、異次元の出来事なんだよ」となだめる――しかし、ここまで考えてみて「はっ」とした。このロールプレイからは、本来の「当事者（戦争体験者）」は、もはや排除されてはいないだろうか。

　元館長が語る「『感性の本館、知識・情報の東館』という使い分け」は、両者の分断でもある。感性的には一方的に「恐怖」を押し付け、理性的な解釈を退ける――そうした姿勢は、振り返れば二年前の東館の開館時にも既に予見できた。特に、戦争突入や、広島が原爆のターゲットとされたことに関する歴史的な経緯、事情説明の思い切った割愛の代わりに、新東館では、核の科学的知識と、復興ストーリーがスペースの大半を占めた。そこには、戦時と戦後の明確な切り離しが意図されていた。

さらに空間の中央に置かれた「メディア・テーブル」に注目。写真資料やCGを、タッチパネルで選べるインターフェイスは確かに新しい。しかしそれは、一人ひとりの来場者の理解を、「任意の解釈」のまま放りだしたものと言えなくもない。戦争に向き合う様々な立場の相容れなさを放置し、被爆の叙述を相対化していく——それは「語り手なき時代」のネガティブな側面を映し出す設計思想の表れである。

資料館の思想——ヒロシマとオキナワ

二〇一九年の間に私は、新しい広島平和記念資料館を都合三回見学した。それは、沖縄・摩文仁の丘の平和祈念資料館との比較のためである。沖縄の展示は、リニューアル前の広島平和記念資料館とも、また長崎の原爆資料館とも、共通する考え方に支えられていた——それは戦争の惨禍を歴史の中に位置づけようとする姿勢である。

沖縄の常設展示場（二階）を構成する五つの展示室配置はそれを具現化したものだ。「一、沖縄戦への道」「二、住民の見た沖縄戦——鉄の暴風」「三、住民の見た沖縄戦——地獄の戦場」「四、住民の見た沖縄戦——証言」「五、太平洋の要石」——これらの中で戦争の惨状そのものを訴えているのは主に二と三の展示室である。それを第四展示室の証言でエビデンスを与え、一、五という「前」「後」の時代の展示で包むという構成――沖縄と広島の新資料館とを比較すると、まずこの構成に大きな違いがあることがわかる。

沖縄の第一展示室はまず「琉球処分と国境画定」から始まる。そして「沖縄を中心とする世界地図」をセンターにして内外の動向が並べられ、「決戦」までの道筋が長い時間をかけて用意されてきたことへの理解を促す。また第五展示室には全展示室中最大のスペースが与えられる。「米軍占領下の住民」「アジア・太平洋の中の沖縄」「基地の島に生きて」「復帰運動」「復帰した沖縄と基地」「未来への平和創造」と細かくコーナーが区切られ、写真・実物資料と解説に目を配りながら、再現された街並みの展示の中をジグザクに歩き、「戦争」と地続きにある現在に到着する。

こうした導入とフォローの展示構成は、リニューアル前の広島の資料館にも存在した。特に東館入口から入場してすぐの「広島のなりたち」は四百年前の城下町建設まで遡り、明治以降の「軍都としての性格を強める広島」の説明は、なぜ広島が原爆のターゲットとされたかを理解するのに欠かせない展示だった。その内容が今回のリニューアルでは本館から東館に戻った直後の、ほぼ一枚のパネルに切り詰められ、いきなり戦後復興のストーリーに接続される。ここでは歴史解釈が「後知恵」としても与えられずスキップされる。

もう一つの大きな違いが、証言の位置づけである。沖縄の資料館を特に印象づける第四展示室

沖縄県平和祈念資料館。上段：沖縄県平和祈念資料館の許可を得て著者が撮影。下段：沖縄県平和祈念資料館提供（2017年）

では、沖縄戦の実相を描く実物資料の乏しさに代えて、証言が「展示」されている。暗闇に浮かびあがる書見台、大きな文字で訴えかける一つ一つの証言文の存在感が印象的である。この展示を補うように映像ブースも用意され、四百人以上の声と姿に直接触れることができる。沖縄の資料館が証言に大きなスペースを割いたことは、わざわざ「読みに行く」来場者の能動性・主体性を期待したものといえよう。

それに対し広島は、資料館のリニューアル前も展示における「証言」の位置は、付録的に本館展示後のロビーに映像コーナーとして並べられていたに留まる。リニューアル後に至っては、東館と本館の間の休憩スペースに動かされていた。一九八六年から始まった「証言」記録事業は今日も続けられ、既に収録されたものは一千人分を超えたと聞くが、主たる公開の場は動線から外されてしまった（二〇一九年十二月十五日現在リストは六百九十三名、うち約三百名の映像がＷｅｂ上で公開）。「証言」もまたここでは撤去の対象とみなされたのだろうか。

「記念」と「祈念」――経験の位置関係

広島の平和記念公園の資料館の北側に、隣接するように国立原爆死没者追悼平和祈念館が建っている。半地下の目立たない施設だが、二〇〇〇年代前半に長崎の同名施設とともに開館（広島：二〇〇二年、長崎：二〇〇三年）。その時期と主管組織から「昭和館」と同様の追悼施設として計画されたことがわかる。

この施設も二〇〇三年から「証言」の映像記録作成に取り組んでおり、一部の重複はあるものの、資料館とは別にデータベースを構築し、館内及びＷｅｂで公開を行っている（二〇一九年三月三十一日現在取材数四百二十三名、うち十二月十五日現在三百四十八名の映像が視聴できる）。館内で公開されているアーカイブシステムは、被爆時の年齢など様々な属性で検索可能であるのみならず、証言者の言葉が逐一書き起こされて表示され、それに地図や関連写真がリンクされる優れた設計が施されている。

原爆の被害は、一般に爆心地を中心に同心円で描かれることが多い。しかし「爆心地から半径何キロメートル」という地理感覚だけでは、その「記録」は単なるデータでしかなく、「記憶」と結びつくことは難しい。「証言」はそれをつなぐリンクとして機能する。追悼平和祈念館の「証言」アーカイブは、同じエリア、同じ境遇（学生だったのか、勤め人だったのかなど）を重ね合わせながら、一人ひとりの「その時」に生きた人の経験の「リアル」を想像する手掛かりを与えてくれる。

平和記念資料館、追悼平和祈念館がある広島平和記念公園一帯は、もともと中島町《なかじまちょう》という市内有数の繁華街だった。この町内にいた人々は建物もろともほぼ一瞬にして消失したとされるが、一九五五年に公園が完成する以前は、自宅から離れていて生存し得た人々によるバラックなどが建てられていた。公園となってからもその賑わいを懐かしむ人は多く、様々な調査に基づき、戦後六十年には再現CGが制作され（TBSのドラマ『広島』はそれを受けて放送された）、二〇〇八年には公園内各所に、当時の街並みと人々の暮らしを偲ぶ説明板が設置された。

この爆心地に程近い広島平和記念公園の中に、平和記念資料館と追悼平和祈念館という施設が併存していることの意味は大きい。被爆という「共通の体験」を有するとはいえども、その思いは一人ひとりが抱く「現実感（リアリティ）」の違いの分だけグラデーションがある。その振幅が実は「記念」と「祈念」という言葉の違いに表れている。「記念」が含意する平和を自明視する態度と、「祈念」が示すまだ戦争を過去にできずにいる心性。本来それは公的な「記録」と個々人の「記憶」をつなぎ合わせて媒介すべきなのだが、その難しさがこの二館の併存を生んだ——それは「昭和館」の問題と相似形を成している。公園の中心に置かれた「原爆死没者慰霊碑」（一九五二年建立）の碑文——「安らかに眠って下さい 過ちは 繰返しませぬから」に主語がなく、目的語も曖昧なまま置かれていることも、まさにその「思いの集約しがたさ」を表している。

沖縄はどうだろうか——大田昌秀が一九九〇年の知事就任後に行った一連の事業は、ひと言で表すならば、沖縄戦に関わった様々な人々の「思い」を重ね合わせる場づくりということになろう。摩文仁の丘に設けられた空間には「平和祈念公園」「平和祈念資料館」と名づけられており、そこには「記念」の文字はない。それくらい沖縄は「あの戦争」を過去のものに出来ずにいると言ってよい。しかしその公園を歩くと、内外に実に数多くの慰霊を目的とした「碑」（モニュメント）があることに気づく。

そこに焦点を当てた番組がETV特集『摩文仁 沖縄戦 それぞれの慰霊』（二〇一三年八月三十一日）である。NHKはかつて戦後五十年の慰霊の日に合わせ、NHKスペシャル『沖縄 二十三万人の碑』（一九九五年六月二十五日）を放送し、「平和の礎」への「思いの集約」の期待を描いた。しかし実際は、それから二十年近く経っても「戦友会や自衛隊隊員、沖縄戦で一万二千人以上の戦死者を出したアメリカ軍関係者、各種平和団体や宗教団体などが、それぞれの思いで慰霊を行っている」。『摩文仁』の映像には、あの近藤一の姿もあった。一口に「祈念」と言っても、思いはなかなかに交わり難い。

「記念」と「祈念」の言葉に感じる距離は、人によって違う。英訳を見ると広島の二施設も、沖縄もともにmemorialの語が当てられている。だが「記念」にはanniversaryのニュアンスもあり、そこで謳われる「平和」には、理想を求める未来志向の含意がある。一方戦死者を慰める「追悼」の気持ちは往々にして「英霊」という言葉を引き寄せる。その言葉は時に「戦死を美化し」、「戦争の肯定・讃美」に発展して、「(非戦を前提とする)平和」の理念と矛盾するとの批判を浴びる。

これらの概念間に見出される微妙な「ずれ」は、それぞれが経験した過去、とりわけ「死」をめぐる「コンテクスト」の通約しがたさから来ている――ちなみに長崎は「記念」も「祈念」も用いずに「原爆資料館」「平和公園」という。どの名称がいいか、悪いか、ではない。我々非当事者は、この各々の名が掬いきれないものの大きさに気づかねばならない。

二　戦争の本質に迫る言葉

死を語る言葉の不在

本来は生物学的現象である生命の終焉に対し、古来人間はそれを集合的な記憶とすべく扱ってきた。それが喪の意識であり、弔う行為であるといえよう。人類史とともにある、こうした文化的な事柄は、共同体形成の核となり、様々な民族の違いを超えて、人々を結びつける紐帯として機能してきた。

しかし戦場で、あるいは被爆や空襲の現場で直面する生々しい「死」を言葉にすることは容易ではない。なぜならその「死」は、あらゆる文脈がはぎ取られた状況で出現するからだ。「死」が言葉を寄せ付けないのは、屍《しかばね》となった人間が、ものを言うことができないということに帰着する。だから死を語る言葉は常に他者の言葉であり、ゆえに喪の共同性とは、不安定な死と言葉との距離を安定させるための生き残った者の知恵なのだ。だが戦争の本質たる「夥しい理不尽な死」は、その言葉が入り込む余地を与えない。

北山修が『戦争を知らない子供たち』のヒットを受けて発表した同名のエッセイ集、その「ぷろろうぐ」の最初の節は「死人のうた」である。一九七〇年、フォークシンガーとして脚光を浴びる彼のもう一つの（本来の）顔は医学生であった。その解剖室で死体と相対した経験から、北山の自問自答が始まる。

（彼は死んだ。そこには誰もいない。彼はもういない）
（そこにあるのは、肉と骨の固りだ。ぬけがらでしかない。彼は何処へ行ったのだ）

この死体への問いが、『戦争を知らない子供たち』の導入に置かれたことの驚き——と同時に、その「死」を考えることが遠ざけられ、共に語ることが禁じられてきた時代としての「戦後」を思わずにはいられない。北山たちと前の世代との断絶は、彼らにこの「死」の共有が困難な孤独な生き方を強い、またそれに対処する埋め草として、彼ら以降の世代に無邪気な「未来志向」を与えたのではないかと。

北山のこのエッセイは、「死人のうた」に続き「若者のうた」「思い出のうた」「一億人のうた」「憂国のうた」「ピエロのうた」と続く。死に言葉を宛がうことの困難さに、二十歳になって気づいた北山は、生を語ることも、性を語ることも、資本主義を語ることについても慎重である。共同性が損なわれた社会は規範を失った社会である。そのコンテクストも自分たちで編んでいかねばならない。深夜放送のＤＪを務め、「性の相談」に丁寧に答える北山自身の姿の対極に、三島由紀夫の乱暴な自決があり、その背景にベトナム戦争と万博のコントラストがある。

北山は、自らに向けられた「ヒッピー・キャピタリスト」（正義を歌い、金を儲ける人）との批判を敢えて受け止める。巻末「最初に読んでもらいたいあとがき」の終わりで、言う。「私も、身動きできぬ状態となってきた。〈創造〉の力を得るため、自己批判しドロップ・アウト（はみ出す）する必要性を感じる。そしてその時期がもうすぐやってくることを私は予感する」（284頁）——このすぐ後、北山は精神科医になるために、芸能界から距離を置く。南沙織やジョージ紫が彗星のように現れ、去っていく、少し前のことである。

「書く─読む」「語る─聞く」

死が遠ざけられた時代が「戦後」だったとするならば、戦争とは「死の日常化」であったといえよう。一九四四年二月六日に錦江湾に沈んだ「第六垂水丸」の物語『冬の波』（竹之井敏）は、まさにその時代に雪崩《なだ》れ込む潮目を描いていた。それが特に印象的であったのは、私がその物語に「書かれたもの」ではなく、鹿屋で活動する朗読サークルメンバー中西久美子の語りを介して出会ったからである。

言葉には、「書く─読む」という軸と、それに交差する「語る─聞く」という軸がある。『読書の歴史』を著したアルベルト・マングェルによれば、黙読という行為の方が音読より歴史は浅く、「書かれたもの」は本来、声を出して読むコミュニティの中にあったのだという。大隅半島のまち、鹿屋、垂水、肝付で私が、「語り」を中心にこの出来事の発掘を行ったのは理由がある。コンテクストを共有しうる人々の間においては、「語る─聞く」と「書く─読む」は重なり合い、一方向性は破られ、解釈を言葉にし合う場の扉が開かれる可能性を持つのだ。そのヒントを私は、中西から得た。

実際に、「語り」を共有する場は創発的であり、多くの偶然を生み出す。船上と岸に分かれ、沈没の瞬間を体験した川井田稔と長浜涼子との出会いも、この「語りの会」の場であった。誰しもが「死」を語る言葉を持っているわけではないことを、長浜は教えてくれた。反対にその記憶を「語るべき対象」として確信したときに、川井田のように言葉は力を持った。そして、生死を分ける経験に付す言葉のディテール、そのデリケートさをも、大隅の人々は教えてくれた。

中でも蔵屋えみ（鹿屋市）の語った体験は衝撃であった。蔵屋が垂水丸に乗ったのは、竹之井敏が物語の主旋律として描いた「第六師団歩兵第四十五連隊（別名西部十八部隊）」の兵士への面会のためであった。蔵屋にも、多くの他の乗客と同じように、その日が最後の面会日になる話が伝わっていた。

蔵屋は当時十九歳。結婚したばかりの夫、山中純則の家族とともに船に乗った。彼女の口からはまさに現実の『冬の波』の物語、「家族にとっての大切な一日」の様子が語られた。だが、へさきを回転させた船は大きく傾き、瞬く間に浸水していく。その出来事を蔵屋は、沈んだ船の写真を手に持ちながら、驚くほど淡々と語った。そして義理の妹の肩に足をかけて水面に浮きあがり、それが二人の生死を分けたことを告白する——話の自然な流れの中で、さらっと口をついた言葉に、我々は息を呑んだ。山中家で、たった一人生き残った彼女は、「生き残った罪の意識」を抱えてその後実家に戻り、再婚する。

他にも、この「最後の面会」で家族五人が命を落とした証言も寄せられた。その中には三歳の子どもも含まれており、長浜が見たという母子の遺体とイメージが重なった。連隊の兵士たちは、この「不幸な事故」のため一時除隊扱いとなるが、六月に急遽別部隊に再招集され、硫黄島に出

ドキュメンタリー『冬の波』撮影後の垂水市での継承の試み。左：移設された慰霊碑、右：垂水文行館での展示（2013年）

征し、玉砕する。証言に表れた何人かの兵士の名前を辿ると、その記録が鹿児島県護国神社に奉納されていることがわかった。その数奇な運命もさることながら、大切に扱われてきた軍属の「御霊」と、事故とはいえ、戦中期に不慮の死を遂げた数百の市井の人々の、命のコントラストを思わずにはいられなかった。

こうした「死」をめぐる様々な経験を、一つの地域の「時代の情景」として描くこと——私は、このインタビューを映像記録として残すことを思い立った。偶然出会った『冬の波』という「書かれた物語」が「語られる」場に立ち会ったことから、その「物語」の背景にある出来事を訪ね、尋ねるという方法にたどり着く。そしてそれぞれがギリギリのところですり抜けた「死」の記憶も、「容易に語ることができない」あるいは「確信を持って語る」両極に引き裂かれる。それは彼らのその後の「生」そのものだった——私は偶然にも、テレビ番組が全国に発信される東京から遠く離れた大隅で、ドキュメンタリー『ある人生』の核心をなすコンセプトに出会った。

その後の大隅、証言とアーカイブ

「第六垂水丸遭難」事件から広がった視界――その「戦時の情景」の一つひとつのエピソードを残すには、「能動的な聞き手」の存在が不可欠であった。映像記録の制作に当たって、私は一人のインタビュアーを立てた。荒井明子は、私がまだ広告会社に居た頃によく仕事をした編集者で、映像の仕事は全く畑違いであった。しかし活字媒体の落ち着いたスピード感と、「言葉にならない思い」を掬うこのプロジェクトは似ていると思い、彼女に声をかけた。

荒井は戸惑いながらも、二十人に上る「当事者」の声をよく拾った。私が最初に考えていたのは、ともかくテレビ番組のように「マイクを突きつける」取材は止めようということ。一人ひとりに時間をかけ、とはいえ一方的に「話させる」のではなく、時に頷き、不確かな記憶をリピートし、確認しながら進めようと、それだけを申し合わせてインタビューを始めた。一人、二人と取材を重ねていく中で、荒井は変わっていった。語り手が言葉を紡ぎながら何を頭に描いているのかを想像しながら進む。そうしていくうちに、次第に「聞く心の構え」ができていった。語り手が、質問に答えるだけではなく、自ら記憶を解きほぐして、言葉にしていけるような流れ。その時にはまだ我々は、それが臨床心理学で言う「ラポール（クライアントとカウンセラーの信頼）」、「ページング（相手の発した言葉を繰り返したり、仕草やトーンを合わせたりすること）」であることも、知らなかった。

そうして我々の手元に数々の「語り」が集積されていくにつれ、それらが次第に「アーカイブ」化していった。それとともに、各々が断片であっても、記憶は集まると意味のネットワークを形成しはじめるという体験がもたらされた。それはその後、広島の追悼平和祈念館の「証言」アーカイブで得た体験とも重なった。集積された「証言」は、今度は「書かれた（記録された）もの」として「読む」能動性を喚起するのだ。断片から「全体」を構想するイメージが喚起される——ここまで来れば、そこから「作品」をつくるかつくらないかには、大きな違いはない。

我々はそれを「作品」にした。私家版ドキュメンタリー『冬の波——第六垂水丸遭難とおおみの記憶』（二〇〇九年）である。この経験は、遡及的に私の「戦争を描いたテレビ番組」に対する見方を大きく変化させることになった。それは「作品」として完成しているように見えるいかなるコンテンツにも、その背後に膨大な（捨てられた）映像資料があるということへの気づきである。それがわかれば、我々は表現によって掬いきれない意味を読むことができる。

ところでその後、現地（大隅、とりわけ垂水市）の空気は一変する。我々の調査活動を通じて、地域の人々の中にこの出来事を発掘し、伝承しようという機運が生まれたのだ。川井田稔を代表に遺族会が発足。新たな慰霊碑の建立を契機に様々な勉強会が開催され、地元メディアが追うという現象がしばらく続いた。「語る」ことから「歴史」が紡がれ始め、二〇一三年の七十回忌まで、大勢の「ゆかりの人々」が垂水を訪れた。

そうした動きの中で、「人々の記憶というものは一筋縄にはいかない」と印象づけられる出来事があった。何年目かの慰霊祭に出向いたときである。参集した人々が各々に第六垂水丸遭難に関する記憶や思い、知っていることがらを語る場で、「何が事実なのか」について一種の「語りの正統性争い」が起こったのだ。ことの発端は、沈没するまで船はどちらに向かって何回揺れたのかという些細な話だった。それがいつの間にか、軽い言い争いにまで発展した。そしてある語り手は、そこで「もう、何も言わない」と口を噤んでしまった――「これではいけない」と私は思い、「経験した状況によって、事実は複数の見え方をする」というメディア・リテラシーの原則を引いて間に入り、場の緊張を和らげた。

記憶が歴史化されていくと、こうしたことが必ず起こるのだろう。この「正しさ」をつい求めてしまう「聞き手」のナイーブな態度もまた、「戦争」などの「忌まわしき」過去を想起する語りを抑制してきた力の一つである。

綾瀬はるかの十五年

情報を一方向で送りつけるテレビの世界の中にも、時間をかけて「能動的な聞き手」として育っていった一人の「少女」がいた。彼女についても、触れておきたい。

彼女の名は綾瀬はるか。前年の主演ドラマのヒットで、注目を集めていたが、本名や出身地はあまりオープンになっていなかった。そして正確に言えば「少女」ではない。その時すでに二十歳になっていたからだ。しかし、当時のテレビドラマや映画で彼女が演じた役柄は、常に純粋で無垢な「少女」のものだった。

綾瀬が、広島で生まれ育った「少女」として、初めてアシスタント・キャスターを務めた番組が、二〇〇五年八月五日のTBS戦後六十年特別企画『ヒロシマ』だった。筑紫哲也とともに原爆ドームの前に立つオープニングに続き、この大型番組の導入章で、彼女はかつて一緒に暮らした祖母から、被爆死した祖母の姉の話を初めて聞く。この時から俳優という立場ではなく、「語りを聞き」「他者に伝える」人間・綾瀬はるかのロールプレイがスタートする。

『ヒロシマ』で祖母の告白を聞いた彼女は、続く第二章では筑紫とともに原爆を落としたエノラ・ゲイが離陸したサイパンの滑走路に立つ。そして第三章の原爆開発を巡る攻防の再現ドラマでは、筑紫の解説の言葉を捉えて「何度も?」「判断ミス?!」と「ペーシング」し、「あの時、原爆投下は止められた」というこの番組の主題につなぐ役を担う。そして第四章以降の証言を軸に構成された「ドキュドラマ」を経て、カメラは吉永小百合の迫真の朗読と涙する彼女をクローズアップで捉える——『ヒロシマ』は原爆について何も知らなかった「少女」が、その実相を感性・理性の両面で「受け止める」物語として構成されていたのだ。

しかし、ドラマはここからが本当の始まりである。メインキャスター筑紫哲也をがんで失ったTBSは、『ヒロシマ』から五年後の二〇一〇年五月から『NEWS23クロス』で新シリーズ「綾瀬はるか『戦争』を聞く」をスタートさせる。その記録は書籍化され、既に岩波ジュニア新書か

左：『綾瀬はるか「戦争」を聞く』（2013年）、右：同『Ⅱ』
（2016年、いずれも岩波ジュニア新書）

ら一冊目（二〇一〇―一二年分）、二冊目（二〇一三―一五年分）が刊行。この間に彼女が「聞き手」としてどのように振舞ってきたかは、活字で追体験することができる。取材者は六年でおよそ四十名、一人ひとりに数時間を費やすハードな取材である。

このシリーズには興味深い点がいくつもある。綾瀬はるかは、もちろん出身地広島を中心にではあるが、長崎、沖縄、ハワイ、そして二〇一一年の東日本大震災ののちは東北へ、二〇一四年には奄美へと取材の幅を広げていく。そして、スタッフはその対話の流れを、綾瀬のパーソナリティに委ねる。その様子は二〇一六年に行われた『ＮＥＷＳ23』の元キャスター、膳場貴子との対談（新書Ⅱに所収）によく表れている。綾瀬は、まだ取材の了解がとれていない人のもとを訪ねた経験について「スタッフの方から後で聞いたのですが、『七〇年間話せない人もいる』という現実を私にも知ってほしいという思いもあって、断られるのを覚悟で行ったそうです」（188―189頁）と語っている。

スタッフの綾瀬への期待は、単なるインタビュアーという役割に止まっていない。出会いからどのような話の展開になるか、かなりの部分が偶然の結果であり――その時々の怒りから「人生のナイショ話」あるいは、綾瀬自身に向けられるプライベートな話題（「あなた、早く良い相手を見つけて結婚しなさいよ」など）へと広がる。もちろん中心は言葉にし難い告白であり、綾瀬自身も「苦しくなって『もう止めましょう』と言ってしまうこともある」と言う。

「仮に戦争自体は短い期間で終わったとしても、一生、それを背負い込んでいきていかなければいけないんだという、その辛さを感じます」「お話を聞くときは、その方の想いに少しでも近づきたくて〔中略〕そうすると、精神的にかなり参ってしまって……。もっと皆さんの言葉をしっかり受け止められるようにならなきゃって」（同197、200頁）――綾瀬はるかは十五年間、その「人生を受け止める」役を務めようとしてきた。二〇〇五年、原爆ドームの前で涙していた「少女」は、三十五歳となった大人の「能動的な聞き手」として、これからも「語られざる記憶」を訪ねるのだろう。そしてカメラは体験者の表情と同じくらい、綾瀬をクローズアップで追い、一つのフレームの中で二人の距離と時間を記録に収めようとするのだ。

「平和教育」と対話

七十五年の間、伝承を求める「語り手」と、解釈すべき「コード」を持たず「コンテクスト」を見誤った「受け手」との間で、「あの戦争」の記憶は彷徨《さまよ》ってきた。それは対話の場となるべきコミュニティの創造に、失敗してきた歴史だった──その一例を「平和教育」に見てみよう。

一九五一年の日本教職員組合（日教組）の「教え子を再び戦場に送るな」スローガンは、戦前あるいは戦中に教壇に立った経験をもつ教師たちの、強い悔恨の心情に支えられていた。主権回復期の、教育者の意識としては、それは切実なものだったろう。しかしそれを主張し続けていくためには、普遍化の必要があった。そこに壁があった。それは「再び」の言葉に囚われたからだ。「再び」とは、実際にその経験を持つ者だけが共有可能な語彙である。そしてそれに、学校という「教育機関」の機能の不自由さが加わる。

果たして「戦争を語る」ことと、学校という装置の相性はどうなのだろうか。一九七〇年代に注目されたイヴァン・イリイチの「脱学校論」（『脱学校の社会』）は、既にその限界を見破っていた。そもそも学校が担ってきた「教える」という行為は、技術的カテゴリーにはきわめて良く適合するが、「考える」プロセス、特にインタラクティブな対話的関係を築くことには向いていない。このことは仮に学校の形態が、時代や技術環境とともに変化したとしても、とりわけ基礎的な社会生活能力の育成が重要視される初等教育の現場では、可視化されづらい。

学校における対話関係の構築は子どもたちの未成熟さを考えるならば、さらに限界がある。そもそも幼い子どもは「死」をどのように認識するのか──彼らは専ら「存在を失う恐怖」として感受し、そこに立ち止まると先に進むことが困難になる。それは言葉を操る力が、十分に育っていないからだ。それでも多くの「平和教育」のテキストやワークブックには必ず用意された「なぜ」の問いがあり、そこには答えを書き入れるための空欄が添えられている。自ら問いを立てる力を持たない彼らは、大人から与えられた言葉で埋め、先に進もうとする。恐怖と向き合う時間はなるべく短い方がいい。それは当然のことである。

しかしだからと言って『はだしのゲン』問題のように、子どもにはショッキングな出来事との遭遇を極力避けさせるべきだというパターナリズム（保護者の温情的介入）を肯定はできない。なぜならば我々、そして我々の子どもたちは現実に、「戦争がある社会」の中に生きているからである。実際の武力行使は遠ざけても、疑似的な戦闘状態である「競争」を原理とした経済環境は、子どもにもすぐ手の届くところにあるし、それを支える（戦前から継承された）素朴な善意や道徳観、それをコンテンツの柱に据え消費を促すポピュラーカルチャーやゲームはそこら中に散らばっている。

それを考えると我々は、学校に限らず、子どもたちの生活環境のデザインに、細心の注意を払う必要がある。言葉で捉えにくい「死」よりも、まず「生きていく意味」の共有を志向するコミュニケーションに囲まれ、その積み重ねから「主体」として発する言葉を獲得するようにできれば促したい。「夥しい理不尽な死」との直接的な出会いはそれからでいい。そう考えるならば、全員参加を強要する修学旅行による被爆地や沖縄詣でのあり方は、見直す必要があるだろう。

経験に言葉を添える

だがそれは、子どもたちがこれらの戦跡を訪問すること自体を一概に否定するものではない。それが大きな意味を持つ子どもと、そうでない子どもがいるということだ。それは私が、戦後七十年以降、神奈川県伊勢原市の平和事業の一環として同市の「中学生ヒロシマ平和の旅」に同行し、彼らの姿を撮影し、かつガイド役を務めてきた経験から得た答えだ。

伊勢原のヒロシマ派遣団は毎年八名。いずれも「平和作文」コンクールで優秀と評価された「子どもたち」である。彼らはそれぞれが所属する中学校の「代表」という使命を担った、ある種の「優等生」たちだ。決してエリートという意味ではない。たまたま育ちが早く「言葉(ボキャブラリー)を持った」子どもたちなのだ。その彼らも一泊二日で、原爆資料館を見学し、被爆者の体験講話を聴き、他県の子どもたちと語り合い、式典に参列するという強行軍を経ると、疲れでいささか言葉が重くなる。二〇一九年の夏も、最後に感想を尋ねると、口々に「考えられない」「想像できない」と言った。正直な言葉だと思った。

『ETV二〇〇〇「伝えたし、されど…~ヒロシマの語り部たち~」』の修学旅行生が発した言葉――「なんか、わかりにくかったね。難しかった」「想像がつかなかった」を振り返ってみよう。番組は、かの修学旅行生を「語り部のメッセージを(婉曲に)拒絶する」新たな世代として描いていた。そして私が聞いた伊勢原の中学生の言葉も、基本的には同じ心理状態を表していた。

だが私はこの「旅」を映像記録に残すために、ワンシーンには到底収まらない長い時間を彼らと共にし、言葉を交わした——そして少しわかった。彼らは、悲惨さや被害の甚大さを訴える語りや資料、実物と出会い、確かに強い衝撃は受けた。だがその場にはまだ「それが何なのか（なぜ、どうして、そうなったのか）」を考える手掛かりがない——「想像できない」とは、その時間的な余裕のなさを訴えていた言葉なのである。

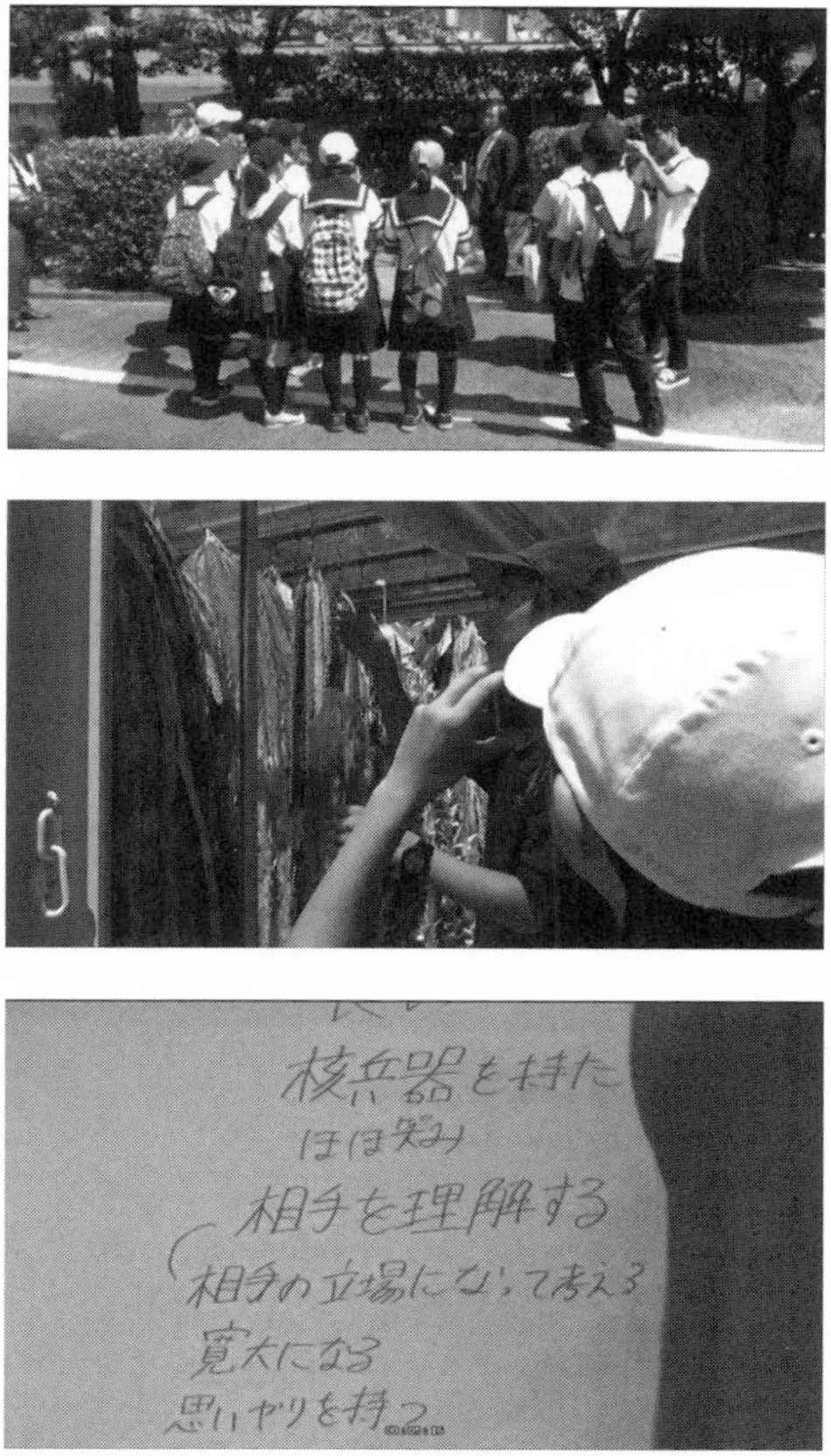

「伊勢原市中学生ヒロシマ平和の旅」記録映像より（撮影：東海大学水島研究室、2018年）。下は参加者のメモ

学校などで、子どもたちに与えられる戦争に関する「知識」は、いつも唐突で、断片的だ。彼らのまだ乏しい人生経験や、生き抜かねばならない現実生活のいずれとも、つながりのない情報として突き付けられる。理屈や、背景事情は「理解できないだろう」とばかりに省略され、悲しさ、むごさといった感性的なメッセージばかりが押し付けられてきたとはいえまいか。しかし、こうした意味づけを妨げる文脈の喪失が、子どもたちの「こころ」にもたらす影響はおそらく決して小さくはない。イメージと言葉の距離が開くほど、今度はそのイメージを避けるように目を閉じ、思いに蓋をするようになってしまう。

そう考えたとき、ふと、この「ヒロシマの旅」に参加した中学生たちは、その後どうしているのかが気になった。二〇一九年六月、市役所に依頼したところ、二〇一一年と二〇一五年に「旅」を経験した二人のOBと会うことができた。私は彼らに「作文」のこと、「旅」のこと、そして「戦争」のことについてどう思っているかを聞いてみた。

そもそも「作文」を書く前の歴史の授業でも「戦争」はほとんど扱われていなかった。いきなりの課題に対しては、「家の裏に、防空壕の跡がある」「祖母と一緒に広島に行ったことがある」という個人的な記憶が、助けになったという。広島の「旅」で一番印象に残ったのは被爆体験者の講話で、「体験した人でないと、本当のことはわからない」とOB二人は口を揃える。「ケロイドを見せてくれた」「軽い気持ちで聞けない、空気」と、その時の緊張感を思い出す。そしてそれが「戦争」に対する、彼らのその後の「心の備え」を作ったのだと言う。

敢えて聞いてみた――「マンガやアニメ、ゲームでもたくさん〝戦争〟シーンは描かれているじゃない？　それと本当の戦争は何が違うの？」。彼らは、即座に答えた。「生身の人間の死は違う。アニメで人が死んでも〝きれい〟じゃないですか。本当の戦争は目を背けたくなるくらい残酷。それが広島に行ってわかった」。そして彼らはこう続けた。「広島に行って戦争が〝絶対悪〟という考え方が固まった。仮に経済とか、外交とか理由があっても、それを言い訳や手段にはできない」「自分たちが被害者だというだけじゃなく、〝アメリカ側の意識〟はどうなんだろう、など色んな立場でものが考えられるようになった」と。

そしてさらに「広島に行ったのが中学生のときでよかった」と、続けた。「残酷なものとも出会うし、小学生だと早すぎると思う。高校生になると、ふてくされる人もいて、たぶん遅すぎる」――「知らなかった」負い目が「難しい」という言い訳を生み、その「わからない」気持ちが「関心ない」「面倒くさい」に結びつくスパイラルを生む。成長過程にある中学生には、それを乗り越える可能性があると、二人は経験を振り返る。

「ところで、あの〝式典〟で「平和への誓い」を言う小学生たちは、どう思う？」――少々勇み足かなとも思いつつ、聞いてみた。「がんばっているな、とは思う。でも、どこまでわかって言っているのかな、とも思う」という答えが返ってきた。彼らには、経験に言葉を重ねていけるという自負が窺えた。

三 「死」と向き合う方法

他者をいかにして認識するか

伊勢原市「中学生ヒロシマ平和の旅」派遣団のメンバーは体験を持ち帰り、八月下旬に市民会館で開催される「平和のつどい」で、そしてその後それぞれの中学校で報告会を開く。それが「経験に言葉を重ねる」最初の機会となる。二〇一九年の「平和のつどい」で特に印象深かったのは団長のO君（三年生）のスピーチだった。彼は被爆の悲劇だけではなく、自分たちが戦争における加害の罪を背負わねばならないことに触れた。きっかけは被爆者の「原爆を落としたアメリカも確かに許せないが、戦争をした日本が一番許せない」という言葉だったという。そこから「私たちは与えられた傷にまず目が行きがちだが、戦争をしていたからには私たちが与えた傷もある」と考えるようになった、と述べた。

彼は「互いに傷つけあう戦争」とも言った。まず戦争体験に言葉を近づけていくときに肝要なことは、「被害／加害」の二分法に陥らないことだ。O君は、それを広島での体験者の講話から学んだ。体験者のその言葉は他県の中学生のフロアからの質問によって引き出されたものだ。やはり対話は偶然的であり、創発的である。

二〇一九年十二月に私は、伊勢原市被爆者の会の副会長、小渕義信を囲み、話を聞く勉強会を開いた。O君もそこに参加した。私にはそこで小渕にどうしても聞いておきたかったことがあった。小渕は、市内の中学校などで講話を行う際に、必ず原爆投下の背景や、戦争一般の知識について説明する自作の資料を配っている。それをなぜ作るようになったか――それを問うと、彼はあっさり答えた――「自分が体験したことだけ話しても仕方ないじゃないですか」。小渕は仕事を退職し、体験を話す場が与えられてから、本を読み、ホロコーストやユダヤ人迫害などの現場を歩き、「戦争とは何か」を語るための情報収集に努めるようになったという。

小渕はその結果、「戦争を語る」ゆるぎない視座にたどり着く。それが核兵器使用の背景にある二十世紀の戦争の「非人道性」である。「兵隊が死ぬだけではなく、所謂一般の市民が殺される。そしてその死に方も、人間の死に方として最もむごい死に方、惨めな死に方をする」(二〇一七年五月のインタビュー)――この告発の言葉は、十二歳の時に自分の目で見、身体で経験した被爆から問いを立て、何十年という時間と知識の習得を重ねた結果、到達したものだ。

この勉強会では、O君も広島での経験について語った。小渕は大いに拍手をしたのちに言った。「被爆地を訪ねて、色々なことを見聞きすると、人生が変わるんです」――なるほど「語り部」の話を聞いた直後、生徒たちが呟いた「想像ができなかった」という言葉は、そこから彼らの「人生」が変わるかもしれない起点を意味していたのだ。もしそうならなかったとするならば、それは周囲の環境づくりの失敗である。変化は、一瞬にして劇的に表れるものではない。そのためには、対話を継続していく場を作る必要がある。

O君も「同世代ともっと戦争について話す機会があるといい」と言った。子どもたちの数だけ経験と知識の接続のかたちは違う。彼は広島の旅から学校に戻り、周りの生徒たちを見て、そのことを意識し始めたのだった。

加害の凡庸性

これまで本書は、我が国の人々が背負ってきた「あの戦争」の記憶を出発点に考えてきた。しかし、当然のことながら「戦争の全体像」を自分の経験のみから語ることはできない。小渕は被爆者としての生活を送る中でそれに気づいた。どうやったら自分だけの「あの戦争」を、他者と共有しうる「戦争の本質」の理解に高めることができるのだろうか。小渕の話を聞きながら私は、クロード・ランズマンの映画『ショアー』をめぐる議論のことを思った。

この映画の上映時間はなんと九時間三十分。一九七四年から十一年の制作期間を要し、多くのホロコーストに関わる証言者の声を編んだものである。二〇一七年四月、桜井均がこの映画の全編を見る機会を用意してくれた。奇跡的に生き延びたユダヤ人、虐殺に関わった元ナチス、そして収容所の近くで生活していたポーランド人――この三つの立場の交錯する声を延々と聞き続けるという体験は、身体的に辛いものだった。

しかし、スクリーンの前に九時間三十分縛り付けられたことで、そこに登場する証言者の言葉の「ずれ」に気づくことができた。まずは「理不尽な死」の当事者の声の不在である。生き残った＝証言可能な者が次々言葉を繰り出すごとに、その不在の重圧がのし掛かってくる。それともう一つは「傍観者の凡庸さ」である。それは出来事の外部者（近くで生活していたポーランド人）だけではない。その傾向はむしろ虐殺に関わった内部者に顕著であった。

ハンナ・アーレントは『イェルサレムのアイヒマン』（一九六三年）で、この「凡庸（陳腐）」さを、加害行動の底にある心性として告発した。アイヒマン自身は、直接殺戮に手を下す立場にはなく、強制収容所への集団移送に関与する兵站部門の責任者だった。裁判で浮かび上がった事実と証言は、彼が社会システムの中に埋没し、主体性を失った文字通り「凡庸」な人間であることを明らかにした。しかし、それを言ったことにより、今度はアーレントが強烈な反動のバッシングを浴びることになる。

アイヒマン自身が、加害の認識を十分に持っていなかったということは、言い換えれば彼はシステムの中に居ながら「傍観者」の地位を維持しようとしていたことを示している。桜井均は、『テレビは戦争をどう描いてきたか』のあとがきで、この問題に踏み込む――「戦争だから仕方がなかった、命令に従っただけだ、システムは変えられなかった、という紋切り型に対して、我々はどんな反論を用意してきただろうか」（443頁）。そして桜井は、そこにこそドキュメンタリーの果たすべき仕事があると言う。

我々は、これまでそうした仕事を、特権的にメディアや情報を扱える人々に任せ、戦後七十五年間「傍観者」を決め込んでは来なかっただろうか――その時点で、我々は既に「戦争」に加担している。アーレントにバッシングを浴びせた人々は、彼女の「凡庸さ」の告発によって、自分のいる「遠くから石を投げられる」安全な場所の喪失に怯えたのではないだろうか。

総力戦を受け入れる素地

「戦争」を経験した人々がつい口ごもってしまう、その内向性について、我々戦後世代は、もっと丁寧に向き合わねばならなかったのかもしれない。というのも、そうした「口ごもり」とともに「一部の権力者に誘導された」「一般の市民は信じ込まされた」という言葉が表れることが多いからだ。それはまた、戦時中（例えば満州）の「ユートピア願望」と同様に、戦後の「平和」という理想に飛びつき、子どもたちの「無垢さ」への期待、あるいは社会的規範への素朴な信頼にもたれかかっていく、唐突な行動をも想起させる。

伊勢原の戦争体験者インタビューにもその傾向は表れていた。特に戦後学んだ「反戦」への意志の多くは紋切り型の表現に収められ、一方で銃後の生活あるいは戦地での使命は高揚感とともに語られる奇妙なコントラスト。それは先に見てきた「なぜ」と「だから」のショートカットにも通底する。彼らは戦争に対する拒否ははっきり示しても、それに結びつく思想や個々の判断においては、戦前・戦中の型をこころに残したまま戦後を生きて来たのだ。

山之内靖が一九九五年に提起し、その後雨宮昭一、佐藤卓己らによって検証が進められた所謂「総力戦」論は、人口動態やメディア普及などの観点も交えながら、満州事変以降の社会変容を描き出す方法を提示する成果を生んだ。それは平時から国民に闘争の準備を要求し、経済行為から文化教育に至るまでが軍事的要素として全面的に動員される「強制的均質化」(山之内靖『総力戦体制』65頁)の体制構築を意味する。我々はそれによって、戦争へなだれ込むプロセスを描くだけではなく、さらには戦前から戦後への社会システムの連続性も見えるようになった。

そう考えると、現代社会にときどきひょっこり顔を出す戦前・戦中的な心性は、こうした「総力戦」の延長線上にあるものと言えよう。戦後は武器の代わりに、そろばんや計算機をもって諸外国と「戦って」きたのだとよく言われる。こうした経済活動への「戦争」のアナロジーは、大衆レベルの心性ではあながち根拠のないものではない。ではなぜ、それは戦闘が終結し、かたちの上では民主主義的政治体制が構築されたにもかかわらず、戦後に引き継がれていったのだろうか。それはそこに、人々の「信じ込まされ」「巻き込まれた」という言説の一般化を重ねてみるとわかる。その受動的な態度それ自体が「総力戦」とそれに連なる戦後の体制を受け入れた「主体」のあり方を表しているのだ。

もちろん「総力戦」を人口政策あるいはメディア政策の問題として分析することも可能ではある。それは、人々を「必要に応じて移動させることが可能な存在」と見なし、「宣伝(プロパガンダ)」の「客体」として見なすことができるシステムの堅牢さを示している。しかしその揺るぎなさは単に、上からの政策の「強さ」だけでは説明がつかない。それが受け入れられる素地が整っていた――そこにはエリートと大衆という二分法があり、それを「共同体の解体」が支えていたのだ。

想像の共同体

振り返れば、我々が戦前の小型映画、あるいは満蒙開拓団の啓蒙映画に見てきた情景は、旧来の共同体が組み替えられていく姿であった。それは社会学や思想史的な分析対象というよりも、生活環境の中で生じた些細な変化の積み重ねが視覚的に捉えられるまでに大きくなったものといえよう。もちろんその基底には資本主義経済の発展とグローバル化がある。だからそれは、一気に旧来の「むら」とよばれた地域共同体を崩したのではない。むしろそれらを換骨奪胎し、そっと別のシステムにずらしていったのだ。

それは、共同体の組織原理が、成員間の互恵関係を基礎とするものから、「国家(その代表人格としての天皇)への奉仕」を核とした銃後組織(在郷軍人会や国防婦人会など)における相互の親密な関係を基礎とするものへと変換されていったプロセスとして記述できる。そしてその媒介役は、大上段に構えたメッセージを発するプロパガンダ・メディアだけでない。生活の中に浸透していく小型映画的「見る―見られる」関係が支え、規範の内面化を促したのだ。

そこでは、ベネディクト・アンダーソンが『想像の共同体』(一九八三年)で、国家の本質を言語に見出したことが想起される。実際、我が国の戦時期にも多くの言葉が生み出された。八紘一宇、五族協和……等々。こうした新たな「共同的なイメージ」を作り出そうとする言葉とともに、十五年間の戦争時代には「英霊」「殉国」をはじめとする、数多くの「死」を飾る言葉も日常的に使われるようになった。それらはまだ戦地が遠く、死者が少ない状況下では、盛大な弔いによって新しい共同体の機能を活発化させた。だがその機能も、眼前に「夥しい理不尽な死」を突きつけられたとき、差し向けるべき言葉を生み出せずに崩壊した。

死を弔うことが共同体の重要な機能だという点を考えるならば、本書で取り上げてきた多くの沈黙、あるいはその対極にある饒舌も、ボキャブラリーやコンテクストの違いによる「断絶」や「空白」、言葉と「死」との距離感の調整がうまくいかない状況として説明できよう。さらに言えばその言語化の壁は、(一九六七年の名作ドキュメンタリー『和賀郡和賀町』に描かれた人々のような)岩手の農村に埋もれる前線の記憶といった空間的な距離だけでなく、七十五年が経過した現在と「あの戦争」との時間的な隔たりによっても強化されている。広島の新資料館の展示を見た学生がおもわず口にした「ただ怖がらせようとしているだけのような悪意」の正体とは、その失語そのものを、戦争の副産物として突きつける、二次被害にも似た暴力とはいえまいか。

それによく似たものを私は、沖縄県公文書館で「一フィート運動」映像の調査を行っている際にも目にした。それは検索可能となったデータベースのところどころに記された「閲覧注意」の文字である。それは凄惨な死体映像がそこにあることを指し示している。しかし、それを見た利用者は、何をしたらいいのであろうか。「覚悟をしろ」あるいは「(覚悟がない場合は)見るな」という意味なのだろうか——それに迷うくらい我々は、「死」に対する免疫のない状態に放置され続けてきたのだ。

島クトゥバで語る戦世

二十世紀社会がもたらした共同体の変質・崩壊と「総力戦」の関係を辿っていくと、そこに次第に言葉の互恵性、互酬性が失われていく様子が見えてくる。すなわち「言論統制」がじわりと広がり、勇ましいスローガンがまき散らされる状態とは、人々が自ら使う言葉の「主体」として振舞える地位を喪失していくプロセスでもある。

それが極端な形で刻まれたのが沖縄である。改姓や皇民化教育は、それまでの共同体の歴史との明白な切り離しの表れであり、土地の言葉で語る「主体」として生きる権利のはく奪であった。他の植民地・領有地と本土との中間的空間としての沖縄の不安定なポジションが生み出した悲劇こそが、沖縄戦の本質だった。だからこそ「一フィート運動」は、まず住民の移動や、収容所などの映像を「記憶を取り戻す」出発点に位置づけたのである。

「沖縄戦を語る」ことと、自分たちの共同性を語ることを切り離すことはできない――一九九八年、返還後二十五年を経て、写真家・比嘉豊光と郷土史家・村山友江がスタートさせたプロジェクト『島クトゥバで語る戦世《いくさゆ》』は、まさにそれを実証してみせた。彼らは県内各地の公民館や老人会などに呼びかけ、戦争体験をその村の島クトゥバ（日常語）で語ってもらい、映像と写真で記録する活動を始めた。映像は二〇〇三年には六十分テープ二百本を数え、山形国際ドキュメンタリー映画祭で上映、二〇〇五年九月にはＮＨＫが『ＥＴＶ特集』の枠で放送している。

比嘉と村山の共同作業は、言葉への信頼に支えられている。インタビューは対面ではなく、なるべく多くの人々の参加を募り、お互いに身近な関係で島クトゥバを語り、聞きあう方法をとった。比嘉は言う「島クトゥバで記憶を呼び起こして話しはじめると、その時の感情や風景まで表情に出て来るのが一番感動的である」（『島クトゥバで語る戦世』）――このプロジェクトが生まれたのは、比嘉が読谷村字楚辺《そべ》の出身であることが関係している。それはまさに本島における米軍の最初の上陸地点であり、現在も米軍基地と隣り合わせにある。まさに「一フィート映像」の「住民の移動」の舞台である。

比嘉はその「人々の記憶の中のみに存在する」郷土・楚辺の記録を残そうと一九八〇年代後半から字誌《あざ》編纂に取り組み（そこで村山友江と出会う）、全ての生存者からの聞き取りを行った。ここで「島クトゥバ」をそのまま聞き取る方法の有効性を確信する。複数の地域のお年寄りによる「会話」は、証言者と聞く者との立場が適宜入れ替わって、主体の身体と言葉は接続し（戦争

左：『島クトゥバで語る戦世』（2003年）、右：『わった〜島クトゥバで語る戦世』（2007年）

で受けた傷痕などを、会話の自然な流れの中で、見せるなどの行為が生まれ）、カメラがそのリアルな表情を追う意義が増してくる。

その語りの中で立ち現れるオジイ、オバアたちの生きた時空間とは何か――それは、「戦世（いくさゆ）」という言葉で語られる時代感覚と、奄美から与那国まで連なる琉球弧（比嘉・村山らの団体は「琉球弧を記録する会」である）の地理感覚なのだ。沖縄の人々は、自らの歴史を七つの「世替わり」として語る。琉球列島の起原からの「原始沖縄世（げんしうちなーゆ）」、薩摩侵攻までの「古代沖縄世（こだいうちなーゆ）」、琉球処分までの「薩摩世（さつまゆ）」、日中戦争までの「大和世（やまとゆ）」そして「戦世」「アメリカ世」、返還後の「沖縄・大和世（うちなー・やまとゆ）」――こうしてみると沖縄人は、自らが語りの主体たる歴史を奪われ続けてきたのだ。そこで振り返るべき、自立し緩やかに連携する共同体が織りなす地域観が「琉球弧」なのである。

沖縄戦の体験とのコミュニケーションには、この「琉球弧」

というコンテクストを指し示す解釈体系（コード）を理解することからまず入らねばならない。だからこその沖縄県平和祈念資料館の展示構成なのであり、「島クトゥバ」の重要性なのだ。但しそれは同じ歴史を持つ者だけに決して閉じてはいない。村山友江の丁寧な標準語への翻訳作業が、その普遍性を見事に示している。

映画『ひろしま』の再発見

二〇一九年の八月の戦争番組の主役は、再発見された映画『ひろしま』であった。もちろんこの映画の存在は古くから伝説的に語られてはいたが、こうやって日の目を浴びてみると、まだまだ「資料」は出て来るものだとの感慨がある。

『ひろしま』は、一九五一年に長田新が編集し、平和教育の契機ともなった文集『原爆の子 広島の少年少女のうったえ』を原案とし、一九五三年に八木保太郎脚本、関川秀雄監督で制作された作品だ。前年（一九五二年）に公開された新藤兼人監督の『原爆の子』に対し、不満の意を表した日教組が新たにカンパを募って完成したものである。一九五五年に第五回ベルリン国際映画祭長編映画賞を受賞するなど高い評価を受けたが、反米色の強い台詞に及び腰となった配給会社が降り、刺激の強い描写に大阪府教育委員会も推薦を見送るなどして、次第に「忘れられた作品」になっていった。ところが二〇〇七年には紀伊國屋書店から「独立プロ名画特選」のシリーズの一本としてＤＶＤが発売され、二〇〇八年に開催された上映会を契機に、二〇一〇年外国語版の制作が決定。ハリウッドのメディア企業がデジタルリマスターを行い、二〇一八年には欧米、アジアの十カ国で上映。サーロー節子（二〇一七年、国際ＮＧＯ「核兵器廃絶国際キャンペーン」のノーベル平和賞受賞スピーチを行った）やオリバー・ストーンがリコメンドするまでになった。

ＮＨＫが二〇一九年の夏の編成の目玉にこの映画を据えたのは、間違いなく広島平和記念資料

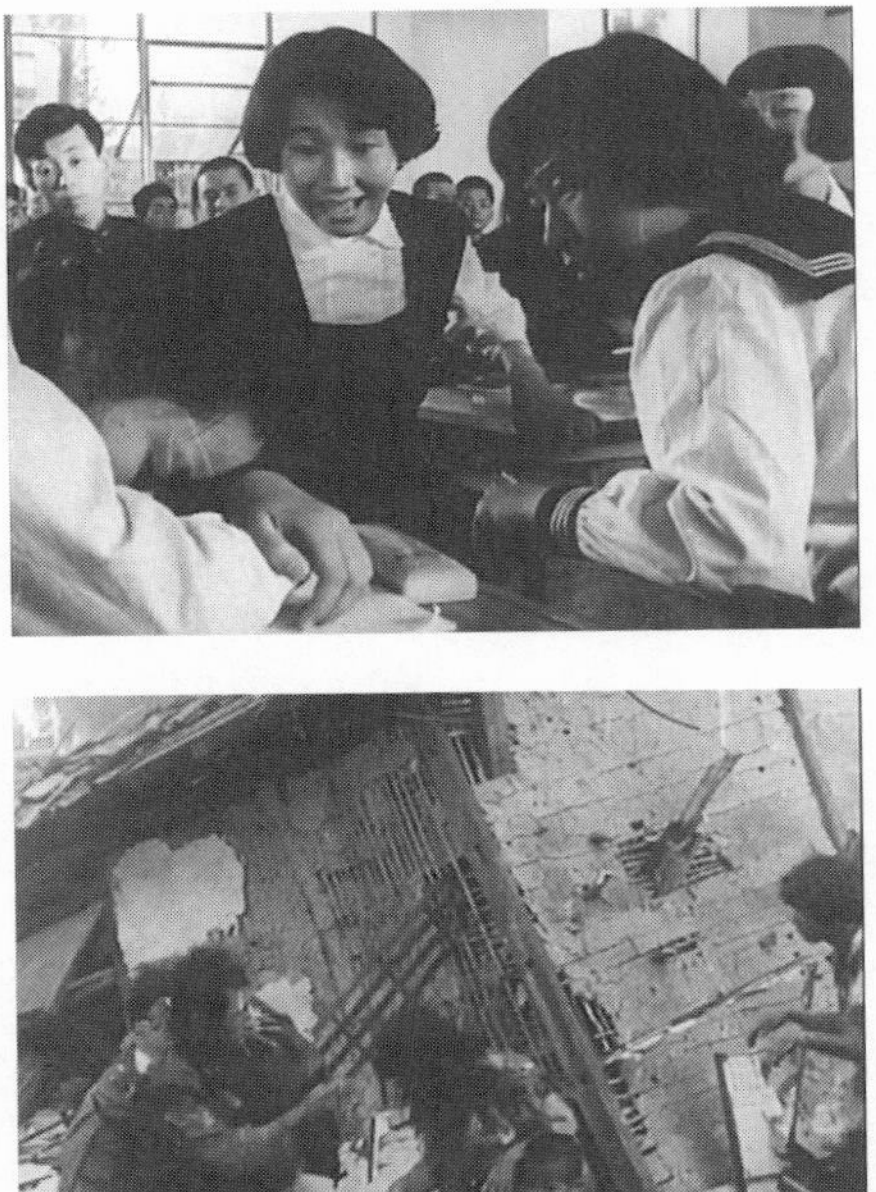

映画『ひろしま』（1953年）より。独立プロ名画保存会提供

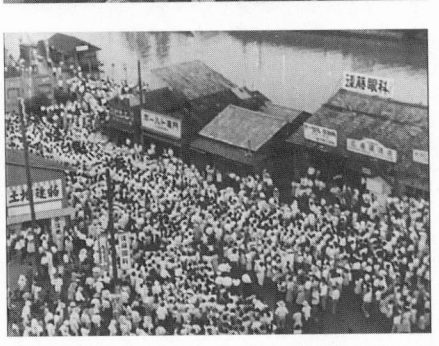

館のリニューアルを意識してのことだ。NHKスペシャル『〝ヒロシマの声〟がきこえますか～生まれ変わった原爆資料館～』が放送された原爆の日の翌日（八月七日）、『おはよう日本』で取り上げられ、十日にはETV特集『忘れられた〝ひろしま〟～八万八千人が演じた〝あの日〟～』と続き、十六日深夜にEテレにて全編が放送される。

そのインパクトは何と言っても八万八千人の市民参加であり、様々な資料を基に忠実に再現された、三十分を超える当日の惨劇のシーンであろう。特に印象的だったのは、被爆者たちのボロボロの服、真っ黒な顔と逆立った髪で両手を前に突き出してよろよろと歩く姿である。それは撤去された旧資料館の人形の造形そのものだった。

この映画と今日「出会い直す」べき意義は、何よりも被爆から僅か八年で、市民たちの手によってこの映画がつくられたという事実である。参加した八万八千人の全てが被爆者ではもちろんない。原爆を知る者と知らない者の協働がこの映画を介して成立していたのだ。被爆者にとってはおそらく一人では封印したい記憶の想起体験として、そして遠くで報道を聞いた人々にとっては、初めての疑似体験として。ロケは中島町を彷彿とさせる中州にオープンセットを立て、被爆者や遺族から提供された遺物を用いて行われた。出演者の中には『原爆の子』に作文を収めた当事者もいた——これは、まだ手の届く距離に対象があるうちに、戦争を語り合うコミュニティを生み出そうとした、壮大な実験だったと言える。

とはいえ、この映画が六十五年もの間、人々の記憶から消え、埋もれてしまっていたという現実は、その「実験」は失敗したということを意味する。それが今日的に言えば「忖度」を働かせた配給会社の判断のためか、あるいは日教組の考えた「平和教育」への反発のためなのかは何とも言えない。理由はいくつか考えられるが、総じて言えば、「総力戦」を引き継ぐ戦後の社会システムが陰に陽にブレーキをかけてきたであろうことは、想像に難くない。

対立の際を崩す

我々から言葉を奪う社会システムのコントロールは、新しい世紀になってもしばしば力を発揮しそうになる。その局面は、一方向的な情報回路によって成り立っているだけに、テレビという場において、露になることが増えてきた。

二〇〇五年一月十三日、一人のNHKの番組制作者が、二〇〇一年一月三十日に放送された『ETV二〇〇一「シリーズ戦争をどう裁くか 第二回 問われる戦時性暴力」』に政治的な圧力がかかり、番組内容が不当に改変されるという事実があったと告発。番組に協力した団体が起こした裁判を始め、二〇〇八—〇九年にかけてBPO放送倫理検証委員会が審議するなど、大きな社会問題となった。シリーズ全体は四回に亘る構成。第二次世界大戦から現在にも広がる紛争下の性犯罪や、アパルトヘイトなど宗教や人種を理由にした弾圧・殺戮・人権蹂躙など「人道に対する罪」をいかに裁くことができるか、「和解」の糸口はどこにあるかを探るテーマで貫かれていた。問題はその第二回、二〇〇〇年に開催された「日本軍性奴隷制を裁く女性国際戦犯法廷」を取材した番組で起こった。

裁判やその後のBPOの審議で主に扱われた「放送の自主・自律」の問題については、各種報告書に詳しく記されている。むしろそれよりもここでは、もし当初の形で番組が放送されていたら、扉を開いたかもしれない「可能性」について触れておきたいと思う。

「女性国際戦犯法廷」では、日本と被害六カ国（のち九カ国）の女性活動家や法律家が協力して各国ごとの検事団を結成、証言や証拠を集め、六十四人の被害女性が参加し、加害者として元日本軍兵士も証言した。こうした民衆法廷の判決には法的な拘束力はないが、ベトナム戦争時のラッセル法廷（アメリカの罪を裁くために哲学者サルトルが裁判長となって開かれた）のように、国家や権力の影響を排して、見過ごされがちな問題に光を当てる手段として認められている。しかし実際に放送された番組では、法廷場面の収録部分を大幅に割愛し、インタビュー等で補った結果、法廷の主旨が伝わらない、意味不明な内容になってしまった。

そもそも所謂「慰安婦問題」を主題に番組を制作すること自体が承認しがたいと考えた人々にとっては、「天皇有罪」の判決を始め、許されないシーンだらけであったことは想像に難くない。しかし編集によって、この民衆法廷で起こった極めて重要な瞬間が、「なかったこと」となってしまった損失は大きい――その最も重要な点は、加害を告白した元兵士に対し、被害者たちが拍手を送り、それを聴衆が見届けたという出来事があったとされる――それが消えたということである。

加害と被害の対立、壁はどのように乗り越えることが可能なのかという問題に、一朝一夕に答えることはできない。しかし、この対立を「謝罪」と「赦し」の関係に移行させていくためには、「加害」に対応することがらを、まずは客観化することが不可避である。そのために、「告白」を皆で傾聴するという協働行為が記録され報じられるチャンスがあったのに、それがなくなったということは悔やまれてならない。

一九五三年に制作された映画『ひろしま』が、多くの眼差しに受けとめられることなく忘れ去られてしまった現実、あるいはランズマンの『ショアー』の日本での公開まで、完成から十年の年月がかかったという現実、これらは全て同じ課題を負っている。加害と被害が隔ててきた対立の際《きわ》・壁を崩すこと、そこに新たな言葉による互恵、互酬関係を築くことがそれだ。しかしそこに至る道は、必ずしも一つではない。ともかく我々は、自分たちに出来ることを、身近なところに探さねばならない——「傍観者」にならないために。

語り手なき時代は、すぐそこまで来ている。でも急いではいけない。デジタルの技術が築き始めたアーカイブ環境は、「記録」となった彼らの「記憶」へ、アクセスできる可能性を拓いたが、それにどう解釈の言葉を重ねていくかについては、定まった道筋が示されているわけではない。だがそもそも「定まった道筋」を求めるような、システムに対する受け身の心性こそが、長い間我々を阻んできた壁を強化してきたのではないか。だからといってそれに対して「主体的であるべきだ」とスローガンばかりを発していても、それもまた「なぜ」（問い）から「だから」（答え）へのショートカットに戻っていくばかりだ。実に悩ましい。

しかし数々の映像は、丁寧に見れば、確実にその袋小路から逃れる「気づき」を示唆してくれる。映像が許容する読みの多様性は、我々が共有すべき事実のディテールの在処《ありか》を探し出すチャンスなのだ。そして映し出される会話やものごとの動きの詳細には、相互に確認し合える近しい関係の中で、はじめて言葉が与えられる——その機会を、一つひとつ時間をかけて重ねていくこと。それこそが「夥しい理不尽な死」を認識し、戦争と向き合う「方法」なのである。

終章
「戦後」の、その先を生きる

「身体」と「死」の距離

「記録」として集積された戦争体験者たちの「記憶」へ。我々戦後世代がアクセスし、言葉を重ねていく場を設けるとき、その参加者たちの位置設定は極めて重要である。それは「語り手」を目の前にしたときの「聞き手」の能動性を二者間に閉じさせず、言葉にすべき対象（ヤコブソン的に言えばコンテクスト）を広く共有するために、集合的な関係性をいかに構築すべきかという課題である。そこでまず注目すべきは、我々の「身体」の置き方である。

例えば、最晩年の谷口稜曄は自らの肋骨が剝き出しになった患部を被爆二世たちに触れさせた。また比嘉豊光のカメラにオジイ、オバアたちは各々の傷痕を晒した。これら暴力によって傷つけられた具体的な身体は、直接的にその先にあった「死」を感じさせる。故に「死」を語る言葉が

『証言の天使たち』（2019年、3画面ビデオインスタレーション＋証言のアーカイブ資料。上映時間 インタビュー映像30分／パフォーマンス映像：47分）**より**

生まれるには、身体の介在が最も強い力を発揮する——しかし、それに頼れる時間は、もう我々には残っていない。谷口稜曄の身体は既に存在していない。

　小泉明郎は中国・沖縄の二つの戦場を経験した兵士・近藤一の語りをモチーフにした作品を、映像インスタレーション『証言の天使たち』として二〇一九年のシャルジャ・ビエンナーレに出展した。展示は全く別の時間軸をもつ二種類の映像によって構成されている。既に言葉を失いかけた近藤のインタビュー映像：三十分、これまでに出版された近藤の証言を記憶し身体もろともその言葉を様々な場所で発する若者たち十一名の姿を捉えた映像：四十七分がパラレルに同一空間の三つのスクリーンに映し出される。小泉は言う「必死に近藤さんの言葉を自らの体に取り込み、そしてその言葉を、東京の街中に自らの口から放っていきます」——しかし、その行為自体が強烈な軋みを伴っていることを、映像は隠そうとはしない。近藤の言葉と若者たちの健康な身体、そしてその言葉が指し示すものが何もない東京の風景。「コンテクスト」と「コード」の不在——むしろ経験の「伝承」「継承」とはそれほど困難なものなのだということを、作品は暴きだしているようにも見える。

東奥日報

何事ぞ・浮足立つ街の騒音

守れ郷土・決戦はこれからだ

速に戦列に還り 職任完遂に起て

知事 県民の沈着要望

答 一部に家をからつぽにして逃げたり、田畑を捨てて山中に小屋を建てて出てこないといふものがあるさうだが、もつての外である、こんなものは防空法によつて処罰出来るのであるから断乎たる処置をとる、勝つには積極的精神、この精神をもつて一にも二にも戦力を充実することである

上：青森空襲資料常設展示室（中央公民館）
下：禁じられた避難。「こんなものは防空法によって処罰出来るのであるから断乎たる処置をとる、勝つには積極的精神、この精神をもつて一にも二にも戦力を充実することである」とある（東奥日報1945年7月18日）

「語り手なき時代」の体験・証言の継承を、このように身体表現を介して考える取り組みが各地で行われている。青森空襲の記憶の伝承を目的とした、青森中央高校演劇部の活動も、その一つである。一九四五年七月二十八日、千十八人が亡くなり市街地を焼き尽くしたこの空襲を、高校生自身が脚本を書

き、演出し、演じる――戦後七十年に初めて上演された演劇「七月二十八日を知っていますか?」、その制作過程を追った番組『RABドキュ「私たちは忘れない!~高校生が向き合った青森空襲~」』(青森放送、二〇一九年五月二十六日)を見た。しっかりした資料調査や証言を踏まえて作り上げられた作品に驚いた。単に被災のリアリティのみならず、被害拡大の背景にあった当時の「防空法」(法制化された防空思想)にもとづく「禁じられた避難」、それを盾にとった知事や在郷軍人たちによる市民への脅迫を描き出した点は、高く評価できよう。

しかし一方でこうした取り組みは、ある問いを我々に突きつけてくる。演劇部の指導教諭の叱咤――「余裕あるから(迫ってこない)」「もう少し、追い詰められてくれ」の言葉に呼応し、子どもたちは想像力の限界にある壁を越えようともがき、ある境地に至る。それは『証言の天使たち』で覚えた印象にも通じるものだ。その境地、すなわち舞台に没頭し役を演じるときのある種の陶酔と、「戦争」に向かう熱や高揚感とを、心性として分かつものは何なのだろうか。この二つの、戦時期の記憶を身体に取り込むという稀有な経験をした若者たちに、是非その思いを聞いてみたいと思った。

「ずれ」を見出す

松本篤はこの「記憶と身体」の関係性に、全く別の角度からアプローチしている実践者である。

松本は二〇〇三年からNPO「記録と表現とメディアのための組織（remo）」の取り組みに参加、その中で「AHA!」と名づけた、主に八ミリ映画や家族写真など「市井の人々の記録」に着目したアーカイブ・プロジェクトを二〇〇五年に立ち上げ、新しい提案を次々と行っている。その松本が二〇一九年から始めた取り組みが「なぞるとずれる｜Trace and Slip」（https://aha.ne.jp/project/nazoru-to-zureru/）である。

それは松本が調査を行っていた岐阜県美濃加茂市で、草の根の戦時記憶伝承活動と出会ったこ

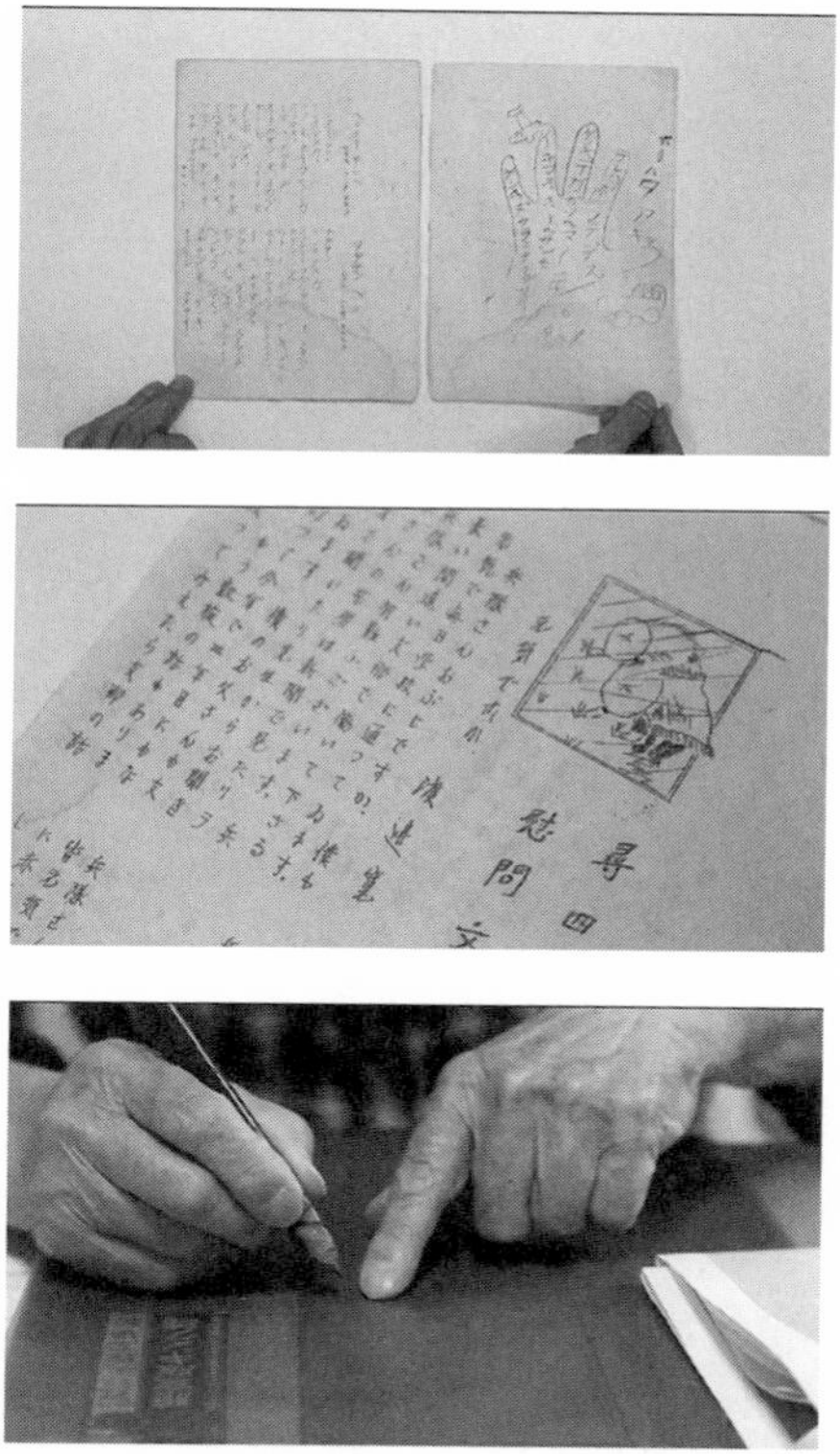

「なぞるとずれる」（2019-20年、資料所蔵：美濃加茂市民ミュージアム、撮影：AHA!）

とがきっかけだった。一九七九年、美濃加茂市の伊深町《いぶか》（旧伊深村）のサークル「伊深親子文庫」の母親たちが、戦時中（一九三九年）に書かれた、「慰問文」を一文字ずつ鉄筆でなぞり復刻する活動を始めた。「慰問文」とは、満州移民政策が本格化した時期に、学校と地域が一体化して子どもたちに書かせた激励文であり、慰問袋などとともに戦地に届けられたものだ。伊深村では、たまたま帰国した兵士のものが発見され、書かれてから四十年後に、「再発行」がなされた。二〇二〇年、松本らはそれからさらに四十年を経て「再々発行」する計画を進めている。

私が注目したのは、「なぞるとずれる」というプロジェクト・タイトルである。その発想は、過去に書かれた文字のかたちを、きちんと「なぞろう」とすればするほどに「ずれる」という、四十年前の体験から来ている。それは記録や記憶の継承の困難さが身体を持って感じられる瞬間である。この些細（トリヴィアル）かつ避けがたい躓きが、その問題に新たな視角を与えると考えたからだ。それは、それらが八十年前に、最初に書かれたときからそうだった。よく知られているようにこの当時の「慰問文」や「軍事郵便」には「ひな形」があり書き方が指導されていた。だからこれらがその時の人々の心性をそのまま映し出したものとは言い難い。むしろ逆に「定型」が存在し、それに沿って書こうとするほどに生じる「ずれ」がある――それを、統制の時代のリアルとして、このプロジェクトは読み取ろうとする。

四十年のインターバルを二回も経て、「書く」という身体所作を重ねることで、言葉と心の中の「ずれ」現象が反復される。その「ずれ」こそがそれぞれの時代の環境の中で補正される、あるいは拡大し対立となるトリガーなのである。それを認識すべき対象として、身体を介し、時間や空間の距離をおいて捉え直すことが、このプロジェクトの面白さである。その認識環境を用意すること――それこそがアートやクリエイティブな活動が「歴史」や「記憶の問題」に積極的に関与することの意義ではないだろうか。

アーカイブに様々な記録が収められる時代になっても、我々一人ひとりは限られた身体を持つ者として、決して全体を視野に収め、全貌を把握することはできない。だからそれを少しずつ「辿っていく」きっかけが求められるのだ。そのきっかけがまさに知覚される「ずれ」であり、例えるなら、スポーツ・クライミングにおけるホールド（手や足を預ける場所）に当たる。それは記録や表現物を重ね合わせる行為が発見を促す、「死」に寄り添わせるべき言葉が生まれる点である。

しかしその探索の目は、必ずしも「身体」所作を介さねば見いだされないというものでもない。書かれた文字列の中にも、語られていない声を見出すアプローチは可能である。例えば、大隅の「第六垂水丸遭難」事件の調査でも、私はそのような経験をした。

当初手掛かりとした『海難審判制度百年史』中の「当時は戦争中であったため、新聞に数行報じられた程度で、あまり世間に知られなかった」との記録、また「国民に不安や動揺を与えてはならないというのが、その当時の国の至上命令」「新聞の扱いはまことに地味に処理されてしまった」（南日本新聞一九八四年二月六日）との戦後の回顧記事のいずれもが、その当時（一九四四年二月)、毎日のように県紙『鹿児島日報』が事故を報じていたことを見事に忘却していた。こうした「ずれ」を、単に「記憶」の改竄と言ってしまえるだろうか。人は、その時立っている位置でしか世界を見渡すことはできない。だからこそ他者と視線を合わせる対話が必要なのだ。

その「ずれ」は、一人の人間の一生にも見出すことができる。二〇一五年五月、昭和十七年(一九四二年)の水木しげるの日記が発見された。それは同年『戦争と読書――水木しげる出征前手記』として出版されるが、そこには、我々が知っている妖怪漫画家水木のイメージとは大きく「ずれ」た、武良《むら》茂という一人の二十歳の名もなき文学青年時代の「人生の一大事に臨んで綴った『覚悟の表明』」(4頁)が記されていた。若き水木(武良)は、ニーチェを、ゲーテを、漱石を読みあさり「死」を徹底的に考えた。戦後、飄々とした画風と生き様で人を惹きつけた人間とはまるで別人である。勇ましく高揚感に溢れる小型映画や啓蒙映画の時代の片隅で、その日記が書かれていたというギャップのリアリティ。まさに正史のみで歴史を解釈することはできないという例だろう――そうした一冊に、全体の三分の二にも及ぶボリュームの解説文を書く荒俣宏も一九四七年生まれ。「戦争を知らない子供たち」である。この本自体が、「死」に向き合う者とそのメッセージを読む者との、世代を超えた対話の記録なのである。

誰が手を下しているのか

対話の必要性、その対話が目標とするもの――言葉を遠ざけていた「死」について共に考えること――こうしたことを一つひとつ確認していくと、ある語るべき到達点が見えてくる。それは「夥しい理不尽な死」という見かけに隠されたもう一つの「戦争の本質」――「大量殺人」である。

戦争を生き延びた人も、いずれは死ぬ。しかしそれは生きるべき生を全うできたと思われたならば、あるいは生きた時間やその生き方に照らして意味が見出せるならば、仮に病気や不慮の事故による死であっても、共同体の人々は感謝や愛の言葉を傾け、その死を哀しみ、未来にその意味をつなぐことができる。それが不可能になる状況こそが「戦争」なのだ。戦争の記憶の継承における「加害の言葉の不在」は、その人間の生を断ち切り、身体をモノの次元に貶める行為に対応する。

心理学者でありかつ兵士であったデーヴ・グロスマンは、『戦争における「人殺し」の心理学』で、その問題に果敢に挑む。グロスマンは一般に言うところの「殺人」と戦争における大量の殺戮行為を基本的には区別しない。その上で「殺人の衝動」をフロイトのタナトス概念を引いて誰にでもあるものとし、そこに掛けられたさまざまな「安全装置」(506頁)が、社会的・組織的に外される措置が下された状況が戦争であるという。そして彼は詳細なリサーチを介し、「集団免責――ひとりでは殺せないが、集団なら殺せる」こと(253頁)と、「距離――質的に異なる死(姿を見ずに殺せること)」(182頁)が重要な役割を果たしていることを指摘する。

日常生活における「総力戦」思想の浸透が、その土壌として機能することについてはもはや繰り返すまでもない。そうして日々、戦場で行使される「殺人」の準備が進められるという図式、およびその基盤となる社会システムが、戦前―戦後を通じて温存されている可能性が認められる以上、我々は「平和な現代」などの常套句に甘え、「戦争」を他人事のように言うことはできないはずだ。だが、その問いはあまりにも厳しすぎるし、いくら聡明な子ども（例えば広島を旅した中学生など）がいたとしても、彼らにいきなり浴びせることはできない。

しかしここで、「積極的平和」論を一九九〇年代から唱え始め、世界的な注目を集めたヨハン・ガルトゥングのイメージに倣うならば、この「集団免責」と「距離」のメカニズムや、我々の日常に避けがたく存在している力学と戦争の連続性を考慮し、子どもたちと互恵、互酬的な言語のやりとりを育むことは可能だろう。彼は「戦争のない状態」といった消極的な「平和」の定義に安住せず、構造的暴力（貧困・抑圧・差別）に視線を定めるべきであることを主張する。それは残念ながら、どの世代の生活の中にも見て取ることができる（『ガルトゥング 平和学の基礎』）。

さらに言えば、我々はメディアの機能不全にも目を光らせる必要がある。ともすると孤独を癒すために一人でモニターに向かいSNSに書き込む言葉が、暴力となる状況を目にすることも少なくない。また一方向的な伝達を業とし、自らの権威を固守しがちなマスメディアは、暴力を行使する主体を隠すために聞き心地のよいキャッチフレーズを流通させたりする――九・一一以降人口に膾炙《かいしゃ》した「テロとの戦い」などはその代表的な例だろう。「テロリズム＝見えない敵」などと言い、戦争の変質を主張する論者は多いが、「戦争の本質」は変わっていない。そこには距離は隔てられても「殺人」は存在しており、「集団免責」のシステムが、その「死」をもたらす行為者の声を掻き消すように働いているのだ。

我々が「戦争の実相」を認識しなければならないのは、「戦後」ずっと棚上げにされていた「終戦」の意味を問い直すためであり、「あの戦争」を本当の意味で終わらせるためなのである。それには、その「安全装置」が二度と外れないようにする方法を、互いが確約できるようなかたちで見出す必要があるのだ。

最後の不在の声

ランズマンの『ショアー』やアーレントの『イェルサレムのアイヒマン』が明らかにした「凡庸な傍観者」の存在は、体験者の「死」に怯え押し殺す声、あるいは「死」に直面しその恐怖を伝えんと振り絞る声との、関係を築けないまま七十五年目を迎えた。我々に届かなかった本当の「死者」の声も、こうした傍観者と同様、戦争という出来事の内側に封じ込められたものである。そして、戦後生まれの我々の心性もまた、自らの日常に閉じこもる内向的な傾向をもつとするならば、様々な方法をクリエイティブに試しながら、遍在する声を招き入れ、問いかけることを諦めてはならない――それが、既に始まったアーカイブ時代の、「記録化された記憶」との向き合い方なのだ。

そしてこの国に暮らす私たちは、もう一つの我々の手元に届かない「声の不在」のポジションにも意識を向ける必要がある。それは「天皇の声」である。

一九八七年のイタリア、中国、イギリス合作の映画『ラストエンペラー』は、日本の俳優も参加し、いまでも記憶に残る作品となっている。そして主人公である満州国皇帝・愛新覚羅《あいしんかくら》溥儀《ふぎ》は、映画の中でも昭和天皇に対して、シンパシーを感じていたとの言葉を発する。作品のフィクション性に留保は必要だが、我々は同時代に生きた彼の（ジョン・ローンが演じる）姿と声を鏡にして、捉えづらい戦後の天皇の象徴としての像を、描いてみることも可能だろう。

三時間半を超える長編映画の残り十数分、収容所の花壇のシーンには非常に印象的な台詞がある。ハルピンの細菌戦実験に関する責任を認めるサインをしたことについて問われ、溥儀は言う。「すべて私の責任だ」。それに対し収容所の所長は「自分のしたことだけに責任をとれ」と返す。私は「天皇」という存在と、戦争責任の関係をいかに語るべきか考えるヒントがここにあると思った。崇拝すべきシンボルでありながら、同時に「道具的」ですらある（天皇機関説もしかり）天皇。それはまるで貨幣か資本のような存在になっている。

平成という元号の最後に当時の天皇は、二〇一六年八月八日、自らの言葉を通して、自らの「象徴」の役割に幕を下ろすというチャレンジを行った。しかしその「おことば」を聞くという経験に重ねるべき言葉を、我々はその時点で用意していなかった。「能動的な聞き手」となって天皇明仁が持っていたであろう危機感にシンパシーを傾けることができなかったのだ。そして、かつての戦争における重要な神格的存在であり、現代においては存続が不安定視される象徴という、その「天皇」の二面性を問うこともなく、我々は現代の「傍観者」として、一連の「代替わり」のシーンを「祝祭」の枠組みに収めて消費していく道を選んだ。

二〇一九年二月、六年前に小説『東京プリズン』で世間をアッといわせた赤坂真理が、満を持して「続編」を発表した——タイトルは『箱の中の天皇』。敗戦直後のマッカーサーの部屋に送り込まれた「わたし」は、天皇と対面し、マッカーサーの持つ「箱」をすり替える使命を託される。なんとストレートなタイトルかつ設定なのか。しかしそれ以上の驚きは、終盤に四十三ページにも亘って二〇一六年の「おことば」との対話が繰り広げられていたことだ。

これは赤坂という作家が、戦争と戦後を自らの言葉で問い直すために設えた「夢」である。そしてこの作品は我々に問いかける——もしあなたが同じような夢を見たら、天皇と何を語るのか、と。「象徴」という集合的な疑似人格ではなく、自らの言葉をもつ「主体」としての天皇に、同じ言葉をもつ人間同士として相対した時、私ならば子どもたちに日頃問いかけているように、「生きることの意味」や「平和とは何か」という質問を、たくさん投げかけてみたい。それが出来たときに、もしかすると初めてこの国は、次の時代に向かって一歩を踏み出せるのかもしれない。

「再び戦争の足音が近づいている」と怖れる人々がいる。一方で「来るべき戦争に備えよ」と煽る人々もいる。そのいずれもが見落としているのが、まだ「あの戦争とは何だったのか」という問いに答えられていないという現実である。その意味で言えば未だに、我々は戦争を終えることができないでいる。

戦争を語る人が、一人、また一人と去り、体験に根差した「記憶」が語られた時代としての「戦後」は、いよいよ終わりに差し掛かっている。一方で「戦後」は、惨たらしい「死」が忘却され、重ねるべき「言葉」が切り離され続けた時代でもあった。その終わりが来れば、再び言葉を寄せつけない「死」が、身の回りに大量に現れる事態となることも、もちろん予測可能だ。

十五年前、多くのテレビ番組や映像を介して「戦争」と出会いなおすことから始まった、私のその「答え」を求める道のりは、今のその分岐点に来ている。ここを越えて、私自身が次の世代に語るべき言葉を持つところにまで至ることはできるのだろうか。作業は、「夥しい理不尽な死」を放置し、「大量殺人」を隠蔽するシステムの存在が見えるところにひとまずたどり着いた。そしてそこには、ごく普通に知識人と大衆、あるいは大人と子どもに代表されるような「既に知る者（語る言葉を持つ者）と未だ知らない者（語れない者）」の社会的分断線が、縦横に走っていた。そしてその中の人々の多くは、今もそのシステムに対して傍観者然として、受動的な振舞いを続けている。

いま求められているのは、そこからの次の一手である。ともすればそれ自体が暴力に転じかねない「書かれた言葉」を、「書かれざるもの」——理性の手が取りこぼしてしまう感性的なものをも包み込む、広義の「ことば」に広げる営み。それは記録を介して「ずれ」に気づきあう主体の協働が、互恵・互酬関係に発展していく「コミュニティ＝新しい共同体」の力を期待するものである。しかしそれは、常に細部（ディテール）に神経を張り巡らせるような根気を要求する。その結果、我々人間は弱い。映像に向き合うことだけをあげても、すぐに目も心も疲れてしまう。その結果、ショートカットや思考停止に逃げてしまうことも、容易に想像できる。

新しい時代には、そのあたりまでを先取りしたソーシャル・デザインが必要なのだろう。いつのまにか「戦争」の時代と二人三脚で肥大したマスメディアも力を失い、いよいよデジタル・メディアへと覇権のバトンを渡さざるを得ない時が来ている。しかし現状そこは、言葉の暴力が渦巻くアナーキーな世界だ。教育システムも大きな壁に突き当たっている。何よりも、次世代を担うべき子どもたちが、弱者として片隅に取り残されている。

「語り（記憶）」の時代から「アーカイブ（記録）」の時代へ。記録は逃げない。じっくりやろう。目に映る微細な「痕跡」、身体で感じる「ずれ」、聞こえない「声」——まだ日の目を浴びていないものも含む、これら膨大に残された資料に現れる「戦争の実相」は、悲惨さだけでなく、過去に生きた人々と出会う喜びをも与えてくれる。「戦争を知らない子供たち」である我々は、まずは我々自身をそう呼んだ地点に立ち戻って、世代間の「分断」と「空白」を埋めていく作業を始めよう。そこから、前の世代の「なぜ」の問いに答えを返していけるように言葉を編んでいくことにしよう。やがてその輪に次の世代の「子どもたち」を招き入れることが出来るように。

「戦争の終わり」とは、そうした「ことば」の互恵・互酬的ネットワークが、暴力の衝動から我々を守る「安全装置」として働く世界の姿を指し示している。そこに我々のソーシャル・デザインの目標がある。

参照文献

序章

佐藤卓己『八月十五日の神話──終戦記念日のメディア学』二〇〇五年、ちくま新書
坪井秀人『戦争の記憶をさかのぼる』二〇〇五年、ちくま新書
桜井均『テレビは戦争をどう描いてきたか──映像と記憶のアーカイブス』二〇〇五年、岩波書店
成田龍一『「戦争経験」の戦後史──語られた体験／証言／記憶』二〇一〇年、岩波書店
───
古市憲寿『誰も戦争を教えてくれなかった』二〇一三年、講談社
───
成田龍一『「戦後」はいかに語られるか』二〇一六年、河出ブックス
丸山眞男「近代日本の知識人」一九七七年六月十日、学士会舘夕食会での講演要旨、学士会アーカイブス
───
『後衛の位置から──『現代政治の思想と行動』追補』一九八二年、未來社
清水幾太郎「治安維持法への復讐」一九七八年、『戦後を疑う』一九八五年、講談社文庫に所収
竹内洋『清水幾太郎の覇権と忘却──メディアと知識人』二〇一八年、中公文庫
伊藤祐吏『丸山眞男の敗北』二〇一六年、講談社
橋爪大三郎『丸山眞男の憂鬱』二〇一七年、講談社
加藤陽子『それでも、日本人は「戦争」を選んだ』二〇〇九年、朝日出版社
───
『戦争まで──歴史を決めた交渉と日本の失敗』二〇一六年、朝日出版社
橋本治「解説」二〇一六年、加藤陽子『それでも、日本人は「戦争」を選んだ』新潮文庫に所収
赤坂真理『東京プリズン』二〇一二年、河出書房新社
───
『愛と暴力の戦後とその後』二〇一四年、講談社現代新書

第一章
TBSテレビ「ヒロシマ」制作スタッフ編『ヒロシマ　あの時、原爆投下は止められた――いま、明らかになる悲劇の真実』二〇〇六年、毎日新聞社
モーリス・アルヴァックス『集合的記憶』小関藤一郎訳、一九八九年、行路社（原著は一九五〇年）
ピーター・タウンゼンド『ナガサキの郵便配達』間庭恭人訳、一九八五年、早川書房（原著は一九八四年）
内海愛子・石田米子・加藤修弘編『ある日本兵の二つの戦場――近藤一の終わらない戦争』二〇〇五年、社会評論社
青木茂『日本軍兵士・近藤一　忘れえぬ戦争を生きる』二〇〇六年、風媒社
大田昌秀編著『これが沖縄戦だ』一九七七年、琉球新報社
西兼志「ヒロシマ――ネオTV時代のドキュメンタリー」水島久光・西兼志『窓あるいは鏡――ネオTV的日常生活批判』二〇〇八年、慶應義塾大学出版会に所収
柏原知子監修・松重美人著『なみだのファインダー――広島原爆被災カメラマン松重美人の一九四五・八・六の記録』二〇〇三年、ぎょうせい
『NHKは何を伝えてきたか　NHKアーカイブスカタログ――テレビ番組放送記録＋番組小史一九五三―二〇〇八』二〇〇八年、NHK放送総局ライツ・アーカイブスセンター
『放送が伝えた戦争の記憶と記録――放送ライブラリー公開番組から』二〇一五年、放送番組センター
上羽修『ガマに刻まれた沖縄戦』一九九九年、草の根出版会

第二章
桜井均「アーカイブ研究　『ある人生』の彼方へ――初期テレビ・ドキュメンタリーの底流を探る」二〇一七年、『放送研究と調査』第六十七巻第十二号
黒沢哲哉「手塚マンガあの日あの時　第四十三回」、二〇一五年、手塚治虫オフィシャルサイト

手塚治虫「ゼフィルス」一九七一年（一九八〇年、手塚治虫漫画全集『タイガーブックス6』講談社に所収）
――「紙の砦」一九七四年（一九八三年、手塚治虫漫画全集、講談社）
水木しげる「敗走記」一九七〇年（一九八三年、ほるぷ平和漫画シリーズ、ほるぷ出版）
――『総員玉砕せよ！』一九九五年、講談社文庫
――『昭和史』全八巻、一九八八―八九年、講談社
滝田ゆう「寺島町奇譚」一九六八―七二年（一九八八年、ちくま文庫）
中沢啓治「黒い雨にうたれて」一九六八年（一九八三年、中沢啓治平和マンガ作品集、ほるぷ出版）
梶井純「漫画家たちの『戦争』概説」二〇一三年、中野晴行監修『漫画家たちの戦争　別巻資料』金の星社に所収
山上たつひこ「光る風」一九七〇年（一九九二年、山上たつひこ選集、双葉社）
フィリップ・アリエス『〈子供〉の誕生――アンシァン・レジーム期の子供と家族生活』杉山光信・杉山恵美子訳、一九八〇年、みすず書房（原著は一九六〇年）
阿波根昌鴻『米軍と農民――沖縄県伊江島』一九七三年、岩波新書
永井良和『南沙織がいたころ』二〇一一年、朝日新書
長田新編『原爆の子――広島の少年少女のうったえ』一九五一年、岩波書店
佐々木雅弘『禎子の千羽鶴』二〇一三年、学研パブリッシング
大田昌秀『沖縄の民衆意識』一九六七年、弘文堂新社
――『沖縄のこころ――沖縄戦と私』一九七二年、岩波新書
――編著『これが沖縄戦だ』前掲
――『戦争と子ども――父から、戦争を知らない子たちへ』一九八〇年、那覇出版社
――『二人の「少女」の物語』二〇一一年、新星出版

――編著『沖縄鉄血勤皇隊――人生の蕾のまま戦場に散った学徒兵』二〇一七年、高文研
――編著『総史沖縄戦』一九八二年、岩波書店
『未来への道標――沖縄戦一フィート運動の三十年』二〇一三年、沖縄戦記録フィルム一フィート運動の会
NHK放送文化研究所編『テレビ・ドキュメンタリーを創った人々』二〇一六年、NHK出版
貴志謙介『戦後ゼロ年　東京ブラックホール』二〇一八年、NHK出版
NHK広島「核・平和」プロジェクト『サダコ――「原爆の子の像」の物語』二〇〇〇年、NHK出版
大槻健「戦後教育二十六年――その波瀾の歴史」一九七一年、『望星』一周年記念特別号、東海教育研究所
小森龍邦編著『広島発　平和・人権教育』一九九九年、明石書店
梶村章「今なぜ平和教育か」一九九三年、『平和教育』創刊号、九州・沖縄平和教育研究所
――「平和教育をどう創ってきたか」一九九三年、『平和教育』創刊号

第三章

瓜生忠夫『戦後日本映画小史』一九八一年、法政大学出版局
大島渚『体験的戦後映像論』一九七五年、朝日新聞社
『大島渚著作集　第二巻　敗者は　映像をもたず』二〇〇八年、現代思潮新社
佐々元十「玩具・武器・撮影機」一九二八年、『戦旗』六月号
並木晋作『日本プロレタリア映画同盟（プロキノ）全史』一九八六年、合同出版
『別冊　一億人の昭和史　改定版　日本ニュース映画史――開戦前夜から終戦直後まで』一九八〇年、毎日新聞社
伴野文三郎『パリ夜話』一九五七年、教材社
吉川速男『パテーの第一歩』一九三一年、玄光社
藤井忠俊『在郷軍人会――良兵良民から赤紙・玉砕へ』二〇〇九年、岩波書店

――『国防婦人会――日の丸とカッポウ着』一九八五年、岩波新書
黒田栄次『空襲下の祖国』一九三四年、防空思想普及会
文部省『学制百二十年史』一九九二年、ぎょうせい
厚生省援護局編『引揚げと援護三十年の歩み』一九七七年、ぎょうせい
小林信介『人びとはなぜ満州へ渡ったのか――長野県の社会運動と移民』二〇一五年、世界思想社
小林弘忠『満州開拓団の真実――なぜ、悲劇が起きてしまったのか』二〇一七年、七つ森書館
松下光男編『弥栄村史――満洲第一次開拓団の記録』一九八六年、弥栄村史刊行委員会
加藤聖文『満蒙開拓団――虚妄の「日満一体」』二〇一七年、岩波現代全書
伊藤純郎『満州分村の神話 大日向村は、こう描かれた』二〇一八年、信濃毎日新聞社
エルンスト・ブロッホ『希望の原理』第一巻、山下肇ほか訳、二〇一二年、白水社
真鍋和子『いのちの重さ 伝えたい――沖縄戦 一フィート運動と中村文子のあゆみ』二〇〇四年、講談社
『未来への道標――沖縄戦一フィート運動の三十年』前掲
阿波根昌鴻『米軍と農民――沖縄県伊江島』前掲
土屋由香・吉見俊哉編『占領する眼・占領する声――CIE／USIS映画とVOAラジオ』二〇一二年、東京大学出版会
岩崎昶『日本映画私史』一九七七年、朝日新聞社
西村智弘「日本実験映画史」（五―八）二〇〇三年、『月刊 あいだ』九十一―九十四号
松谷容作「九・五㎜映像システム論序説――テクノロジー、アーカイヴ、コミュニケーション」二〇一三年、『映画学』第二十七号、早稲田大学映画学研究会
二松啓紀『移民たちの「満州」――満蒙開拓団の虚と実』二〇一五年、平凡社新書
『満蒙開拓平和記念館（図録）』〔第三刷〕二〇一六年、満蒙開拓平和記念館
胡桃澤盛著・「胡桃澤盛日記」刊行会編・飯田市歴史研究所監修『胡桃澤盛日記』第六巻、二〇一三年、「胡

桃澤盛日記」刊行会

第四章

松宮秀治『ミュージアムの思想』二〇〇三年、白水社
平和記念資料館学芸課「平和記念資料館を全面的にリニューアル」二〇一三年、『平和文化』百八十三号、広島平和文化センター
北山修『戦争を知らない子供たち』一九七一年、ブロンズ社
アルベルト・マングェル『読書の歴史――あるいは読者の歴史』原田範行訳、一九九九年、柏書房
TBSテレビ『NEWS23』取材班編『綾瀬はるか「戦争」を聞く』・同『II』、二〇一三年・二〇一六年、岩波ジュニア新書
イヴァン・イリッチ『脱学校の社会』東洋・小澤周三訳、一九七七年、東京創元社（原著は一九七一年）
ハンナ・アーレント『イェルサレムのアイヒマン――悪の陳腐さについての報告』大久保和郎訳、一九九四年、みすず書房（原著は一九六三年）
桜井均『テレビは戦争をどう描いてきたか――映像と記憶のアーカイブス』前掲
山之内靖『総力戦体制』二〇一五年、ちくま学芸文庫
ベネディクト・アンダーソン『想像の共同体――ナショナリズムの起源と流行』白石隆・白石さや訳、一九八七年、リブロポート（原著は一九八三年）
琉球弧を記録する会編『島クトゥバで語る戦世――百人の記憶』二〇〇三年、琉球弧を記録する会
比嘉豊光『わった～島クトゥバで語る戦世――比嘉豊光写真集』二〇〇七年、ゆめあ～る
荒井信一編『戦争博物館』一九九四年、岩波ブックレット
『図録　広島平和記念資料館「ヒロシマを世界に」』〔第十三刷〕二〇一六年、広島平和記念資料館
広島平和記念資料館企画・編『広島平和記念資料館　展示ガイドブック』〔初版〕二〇一九年、広島平和文

化センター
『沖縄県平和祈念資料館　総合案内』〔第十刷〕二〇一七年、沖縄県平和祈念資料館
『沖縄県平和祈念資料館　ワークブック』〔第十三刷〕二〇一七年、沖縄県平和祈念資料館
竹内久顕編著『平和教育を問い直す――次世代への批判的継承』二〇一一年、法律文化社
ショシャナ・フェルマン『声の回帰――映画「ショアー」と〈証言〉の時代』上野成利・崎山政毅・細見和之訳、一九九五年、太田出版
鵜飼哲・高橋哲哉編『『ショアー』の衝撃』一九九五年、未來社
雨宮昭一『戦時戦後体制論』一九九七年、岩波書店
佐藤卓己『ファシスト的公共性――総力戦体制のメディア学』二〇一八年、岩波書店
『二〇〇九年度　ＢＰＯ委員会決定集』二〇一〇年、放送倫理・番組向上機構（ＢＰＯ）

終章

高等海難審判庁監修『海難審判制度百年史』一九九七年、海難審判協会
水木しげる・荒俣宏『戦争と読書――水木しげる出征前手記』、二〇一五年、角川新書
デーヴ・グロスマン『戦争における「人殺し」の心理学』安原和見訳、二〇〇四年、ちくま学芸文庫
ヨハン・ガルトゥング『ガルトゥング平和学の基礎』藤田明史編訳、二〇一九年、法律文化社
赤坂真理『箱の中の天皇』二〇一九年、河出書房新社
専修大学文学部日本近現代史ゼミナール編『ケータイ世代が「軍事郵便」を読む』二〇〇九年、専修大学出版局

参照テレビ番組

番組名、放送日（深夜は前日日付）、放送局、動画を見られるアーカイブ（一部のみのもの、解説のみのもの含む）、本書で言及されたページの順に示す。なおアーカイブについて、記号と名称は次の通り。□：ＮＨＫ番組公開ライブラリー　■：ＮＨＫオンデマンド　▲：放送ライブラリー　Ｈ：ＮＨＫ放送史サイト　Ｗ：ＮＨＫ戦争証言アーカイブス　Ｐ：番組サイト　Ｔ：ＮＨＫティーチャーズ・ライブラリー（二〇二〇年五月末現在）

『戦後六十年特別企画　ヒロシマ～あの時、原爆投下は止められた…いま、明らかになる悲劇の真実～』二〇〇五年八月五日　ＴＢＳ　28—31、34、40、46、48、62、63、78、223

『ふるさと発　被爆六十年「はだしのゲン　誕生の軌跡～中沢啓治が託したメッセージ～」』二〇〇五年八月四日　ＮＨＫ総合　32

『ふるさと発　被爆六十年「わたしのサダコを伝えたい」』二〇〇五年八月四日　ＮＨＫ総合　▲　32、128

『ふるさと発　被爆六十年「強がるしかなかった～被爆と闘い続けたプロ野球人・張本勲～」』二〇〇五年八月五日　ＮＨＫ総合　32

『ふるさと発　被爆六十年「あの日の記憶を確かめたい～被爆建物・旧日銀広島支店～」』二〇〇五年八月五日　ＮＨＫ総合　32

『ふるさと発　被爆六十年「父が奏でたかったヒロシマ～ある被爆二世の旅～」』二〇〇五年八月五日　ＮＨＫ総合　32

『特集　平和アーカイブス　語り伝えるヒロシマ・ナガサキ　第一夜　原爆投下　その時何が』二〇〇五年八月七日　ＮＨＫ総合　□Ｗ　32

『特集　平和アーカイブス　語り伝えるヒロシマ・ナガサキ　第二夜　被爆者たちの六十年』二〇〇五年八月八日　ＮＨＫ総合　□Ｗ　33

『特集　平和アーカイブス　語り伝えるヒロシマ・ナガサキ　第三夜　伝えたし、されど…』二〇〇五年八月九日　ＮＨＫ総合　□Ｗ　34、40、46、80

『NHK特集「爆心地 生と死の記録」』一九八五年八月六日 NHK総合 □▲W 33

『NHK特集「きみはヒロシマを見たか～広島原爆資料館～」』一九八二年八月六日 NHK総合 □▲HW 33

『ドキュメンタリー「市民の手で原爆の絵を」』一九七五年八月六日 NHK総合 □▲W 33

『NHKスペシャル「長崎 映像の証言～よみがえる百十五枚のネガ～」』一九九五年八月九日 NHK総合 □W 33

『ドキュメンタリー「耳鳴り～ある被爆者の二十年～」』一九六五年十一月二十八日 NHK総合 H 33、88

『ドキュメンタリー「あの子～原子野に生きた三十七人～」』一九八〇年八月九日 NHK総合 34、49

『NHKスペシャル「なぜ助けられなかったのか…～広島・長崎 七千人の手記～」』一九九〇年八月二日 NHK総合 □▲H 34

『ETV二〇〇〇 シリーズ太平洋戦争と日本人 第六回「伝えたし、されど…～ヒロシマの語り部たち～』二〇〇〇年十二月二十六日 NHK教育 □▲W 35、36、46、228

『インターネット・ドキュメンタリー「地球法廷・核と人類」』一九九七年八月二、九日 NHK衛星第一 35

『NHKスペシャル「アメリカの中の原爆論争～スミソニアン展示の波紋～」』一九九五年六月十一日 NHK総合 □W 35

『新アジア発見「ヒロシマを伝える少女たち～インド・ニューデリー～」』二〇〇〇年十一月十九日 NHK総合 35

『NHKスペシャル 終戦六十年企画「ゾーン・核と人間」』二〇〇五年八月七日 NHK総合 36、39

『NHKスペシャル 終戦六十年企画「追跡 核の闇市場～放置された巨大ネットワーク～」』二〇〇五年八月八日 NHK総合 36

『NHKスペシャル 終戦六十年企画「そして日本は焦土となった～都市爆撃の真実～」』二〇〇五年八月十一日 NHK総合 T 37

『九州沖縄スペシャル「火の雨が降った日～福岡大空襲六十年～」』二〇〇五年八月十日 NHK総合 37

『やまなし特集「甲府空襲 六十年目の記録」』二〇〇五年八月十一日 NHK総合 37

『NHKスペシャル 終戦六十年企画「靖国神社～占領下の知られざる攻防～」』二〇〇五年八月十三日 NHK総

『ＮＨＫスペシャル「秘密尋問所トレイシー～日本人捕虜が語った機密情報～」』二〇〇七年八月七日　ＮＨＫ総合　42

『ＮＨＫスペシャル「鬼太郎が見た玉砕～水木しげるの戦争～」』二〇〇七年八月十二日　ＮＨＫ総合　□■▲　42

『ハイビジョン特集　原爆と市民「爆心地復元」』二〇〇七年八月四日　ＮＨＫＢＳハイビジョン　42

『ハイビジョン特集　フロンティア「引き裂かれた〝祖国〟～イラク・悲しみと憎悪の間で～」』二〇〇七年八月十二日　ＮＨＫＢＳハイビジョン　42

『ハイビジョン特集　戦争と市民「裁かれなかった毒ガス作戦～アメリカはなぜ免責したのか～」』二〇〇七年八月十三日　ＮＨＫＢＳハイビジョン　42

『ハイビジョン特集「証言記録　マニラ市街戦～死者十二万　焦土への一か月～」』二〇〇七年八月五日　ＮＨＫＢＳハイビジョン　43

『ＮＨＫスペシャル「Ａ級戦犯は何を語ったのか～東京裁判・尋問調書より～」』二〇〇七年八月十三日　ＮＨＫ総合　43、44

『ＮＨＫスペシャル「パール判事は何を問いかけたのか～東京裁判・知られざる攻防～」』二〇〇七年八月十四日　ＮＨＫ総合　43、44

『日本の、これから「考えてみませんか？　憲法九条」』二〇〇七年八月十五日　ＮＨＫ総合　43

『広島発特集ドラマ「帽子」』二〇〇八年八月二日　ＮＨＫ総合　□　44

『ＮＨＫスペシャル「見過ごされた被爆～残留放射線　六十三年後の真実～」』二〇〇八年八月六日　ＮＨＫ総合　□Ｗ　44

『ＮＨＫスペシャル「解かれた封印～米軍カメラマンが見たＮＡＧＡＳＡＫＩ～」』二〇〇八年八月七日　ＮＨＫ総合　44

『ＮＨＫスペシャル「果てなき消耗戦　証言記録　レイテ決戦」』二〇〇八年八月十五日　ＮＨＫ総合　□　44

『ＮＨＫスペシャル「調査報告　日本軍と阿片」』二〇〇八年八月十七日　ＮＨＫ総合　44

『ＮＨＫスペシャル　日本海軍　四百時間の証言　第一回「開戦〝海軍あって国家なし〟」』二〇〇九年八月九日　ＮＨ

『戦後七十年　千の証言スペシャル 女たちの赤紙』二〇一五年八月二日　TBS　49

『BS1スペシャル「女たちのシベリア抑留」』二〇一五年八月九日　NHKBS1　□　50

『NHKスペシャル「女たちの太平洋戦争～従軍看護婦 激戦地の記録～」』二〇一五年八月十三日　NHK総合　□■　50

『発掘！ 戦場の叫び～元兵士千五百人が伝えたい真実～』二〇一五年八月十五日　BSジャパン　P　50

『ドキュメンタリー「和賀郡和賀町～一九六七年夏～」』一九六七年十一月一日　NHK総合　□▲　50、239

『NHKスペシャル「象徴天皇 模索の歳月」』二〇一六年八月八日　NHK総合　□■　53

『皇室の窓スペシャル～象徴天皇とは？ 両陛下の思いと歩み～』二〇一六年八月十四日　BSジャパン　53

『NHKスペシャル「七三一部隊の真実～エリート医学者と人体実験～」』二〇一七年八月十三日　NHK総合　■P　54

『NHKスペシャル「樺太地上戦 終戦後七日間の悲劇」』二〇一七年八月十四日　NHK総合　■　54、122

『NHKスペシャル「戦慄の記録 インパール」』二〇一七年八月十五日　NHK総合　54

『NHKスペシャル「ノモンハン 責任なき戦い」』二〇一八年八月十五日　NHK総合　□■　54

『NHKスペシャル「原爆死～ヒロシマ 七十二年目の真実～」』二〇一七年八月六日　NHK総合　54

『NHKスペシャル「本土空襲　全記録」』二〇一七年八月十二日　NHK総合　■　54

『NHKスペシャル「沖縄戦　全記録」』二〇一五年六月十四日　NHK総合　□■P　54

『NHKスペシャル「戦後ゼロ年 東京ブラックホール 一九四五―一九四六」』二〇一七年八月二十日　NHK総合　■P　55、114、115

『NHKスペシャル「〝駅の子〟の闘い～語り始めた戦争孤児～」』二〇一八年八月十二日　NHK総合　■W　55、115

『NHKスペシャル「広島 残された問い～被爆二世たちの戦後～」』二〇一八年八月六日　NHK総合　□■　55

『NHKスペシャル「祖父が見た戦場～ルソン島の戦い 二十万人の最期～」』二〇一八年八月十一日　NHK総合　■　55

『BS1スペシャル「父を捜して～日系オランダ人 終わらない戦争～」』二〇一八年八月十日　NHK総合　55

あとがき

思えばこの十五年、ずっと「あの戦争」のことを考えてきた。毎年八月の番組チェックを始め、そこから広がった「問い」に背中を押されるまま、北海道から沖縄まで全国を旅し、映像や資料を集め、様々な「声」に向き合って「ことば」を交わしてきた。この本は、その記録である。本文中に名前を記した方々に止まらず、その過程で出会い、知見を与えてくださった全ての皆さんに、本来は一人ひとりお礼を申し上げねばならない。だが、紙幅には限りがある。この本の完成をもって「いただいたお話は、こんな風にまとまりました」というご報告に代えさせていただく失礼を、どうかお許しいただきたい。

この本は全くの書下ろしではない。以下に挙げる論文や評論で少しずつ「問い」に「答えていく」作業は重ねてきた。学術的なものというより、戦後第一世代の仲間たちに訴える一般書にしたいという思いがあり、その練習として「メディア分光器」というエッセイも書きつづけて来た（『メディア分光器――ポスト・テレビからメディアの生態系へ』二〇一七年、東海教育研究所）。しかし一冊にまとめていくにあたって、その元の原稿はほぼ原形をとどめないまでに分解され、再構成を余儀なくされた。それは本書の主題の一つでもある「送り手の一方通行に止まらず、受け手の能動的な読みをどう喚起するか」を考え続けた結果である。

- 「桜井均著『テレビは戦争をどう描いてきたか――映像と記憶のアーカイブス』」二〇〇六年、『東京大学大学院情報学環紀要 情報学研究』第七十号
- 「記録と記憶――〝ヒロシマ〟を巡る諸問題」『テレビジョン解体』〈新記号論叢書〔セミオトポス〕第四号〉二〇〇七年、慶應義塾大学出版会
- 「番組と言葉――タイトルの機能と位相（NHKアーカイブスの構成に関する研究〔前編〕）」二〇一一年、『放送研究と調査』第六十一巻四号
- 「タイトルが媒介する主題――番組編成からアーカイブ編制へ（NHKアーカイブスの構成に関する研究〔後編〕）」、二〇一一年、『放送研究と調査』第六十一巻六号
- 「遍在する残像――パテ・ベビーが映し出す〈小さな歴史〉・研究「序説」」二〇一三年、『大正イマジュリィ』第八号、大正イマジュリィ学会
- 「テレビと集合的記憶のメカニズム――メディアと「過去」の位置づけに関する学際的探究の試み」二〇一三年、『東海大学紀要文学部』第九十九輯
- 「『記憶を失う』ことをめぐって――アーカイブと地域を結びつける実践」二〇一三年、『ライブラリー・リソース・ガイド』第三号、アカデミック・リソース・ガイド
- 「『あの』という指示代名詞について――戦争を具体的なイメージとともに語り続けるた

めに」二〇一五年、季刊『横濱』第四十九号、神奈川新聞社

●「ミシェル・フーコーと『玉ねぎの皮』――デジタル・メディア社会の時空間構制論」二〇一六年、松本健太郎編『理論で読むメディア文化――「今」を理解するためのリテラシー』、新曜社

●「映像の誕生と空間の可視化――パテ・ベビーと日本の一九三〇年代」二〇一七年、谷島貫太・松本健太郎編『記録と記憶のメディア論』、ナカニシヤ出版

●「七十一年目の戦争を語ることば――その時間性と共同性」二〇一六年、『東海大学紀要文学部』第百六輯

●「七十年の時差――伊勢原市・戦争体験者インタビューとワークショップ」二〇一七年、『東海大学紀要文学部』第百七輯

●「荻野茂二と『映画』との距離について」二〇一八年、原田健一・水島久光編著『手と足と眼と耳――地域と映像アーカイブをめぐる実践と研究』、学文社

●「発掘された戦時記録映像の分析――非日常と日常の境界を読む（前編）戦時への助走路」二〇一八年、『東海大学紀要文学部』第百八輯

●「断片とコンテクスト――沖縄戦のイメージ形成と一フィート運動」二〇一九年、『東海大学紀要文化社会学部』第一号

精一杯検証しながら書いたつもりではある。しかし、取り上げた事実・出来事、テレビ番組ほかの映像や文書資料については、まだまだ調べが足りない部分や、不正確な記述もあるだろう。それこそ資料は次々発掘され、また番組は新たに生み出されている。認識や解釈についても独りよがりの域を出ていない部分もあるだろう。ぜひ忌憚のないご意見や、訂正のご指摘をいただきたいと思っている。目指すべきものは「対話」である。本書がそのきっかけになれば、これほど嬉しいことはない。

「対話」という意味では、未熟な著者と一年間、二人三脚で走ってくださったNHK出版の倉園哲さんにはいくら感謝してもしきれない想いがある。本書の登場人物をご存知であったという縁もあり、まさに「同じ対象（コンテクスト）」を共有しつつ議論を重ね、ゴールを目指すことができたのは幸運だった。

「記憶の時代から、記録の時代へ」という言葉は重い。とても一人で背負いきれるものではない。この本を手に取ってくださった方々との新たな「対話」が開かれることを夢見て、とりあえず一日、筆を擱こうと思う。

二〇二〇年五月

水島久光

水島久光（みずしま・ひさみつ）
1961年生まれ。東海大学文化社会学部広報メディア学科教授。慶應義塾大学卒業後、広告会社、インターネット情報サービス会社を経て、東京大学大学院学際情報学府修士課程修了。
専門は現代の映像メディア研究。
著書に『閉じつつ開かれる世界――メディア研究の方法序説』（勁草書房）、『テレビジョン・クライシス――視聴率・デジタル化・公共圏』（せりか書房）、『メディア分光器――ポスト・テレビからメディアの生態系へ』（東海教育研究所）など。

NHK *BOOKS* 1263

戦争をいかに語り継ぐか
「映像」と「証言」から考える戦後史

2020年6月25日　第1刷発行

著　者　**水島久光**　©2020　Mizushima Hisamitsu
発行者　**森永公紀**
発行所　**NHK出版**
東京都渋谷区宇田川町41-1　郵便番号150-8081
電話 0570-002-247（編集）　0570-000-321（注文）
ホームページ　http://www.nhk-book.co.jp
振替　00110-1-49701
装幀者　**水戸部 功**
印　刷　**三秀舎・近代美術**
製　本　**三森製本所**

Printed in Japan　ISBN978-4-14-091263-8 C1321

NHK BOOKS

*歴史(I)

出雲の古代史　門脇禎二
法隆寺を支えた木[改版]　西岡常一／小原二郎
「明治」という国家[新装版]　司馬遼太郎
「昭和」という国家　司馬遼太郎
日本文明と近代西洋—「鎖国」再考—　川勝平太
百人一首の歴史学　関　幸彦
戦場の精神史—武士道という幻影—　佐伯真一
知られざる日本—山村の語る歴史世界—　白水　智
古文書はいかに歴史を描くのか—フィールドワークがつなぐ過去と未来—　白水　智
日本という方法—おもかげ・うつろいの文化—　松岡正剛
関ヶ原前夜—西軍大名たちの戦い—　光成準治
江戸に学ぶ日本のかたち　山本博文
天孫降臨の夢—藤原不比等のプロジェクト—　大山誠一
親鸞再考—僧にあらず、俗にあらず—　松尾剛次
陰陽道の発見　山下克明
女たちの明治維新　鈴木由紀子
山県有朋と明治国家　井上寿一
明治〈美人〉論—メディアは女性をどう変えたか—　佐伯順子
『平家物語』の再誕—創られた国民叙事詩—　大津雄一
歴史をみる眼　堀米庸三
天皇のページェント—近代日本の歴史民族誌から—　T・フジタニ
禹王と日本人—「治水神」がつなぐ東アジア—　王　敏
江戸日本の転換点—水田の激増は何をもたらしたか—　武井弘一
外務官僚たちの太平洋戦争　佐藤元英
天智朝と東アジア—唐の支配から律令国家へ—　中村修也
英語と日本軍—知られざる外国語教育史—　江利川春雄
象徴天皇制の成立—昭和天皇と宮中の「葛藤」—　茶谷誠一
維新史再考—公議・王政から集権・脱身分化へ—　三谷　博
壱人両名—江戸日本の知られざる二重身分—　尾脇秀和

※在庫品切れの際はご容赦下さい。